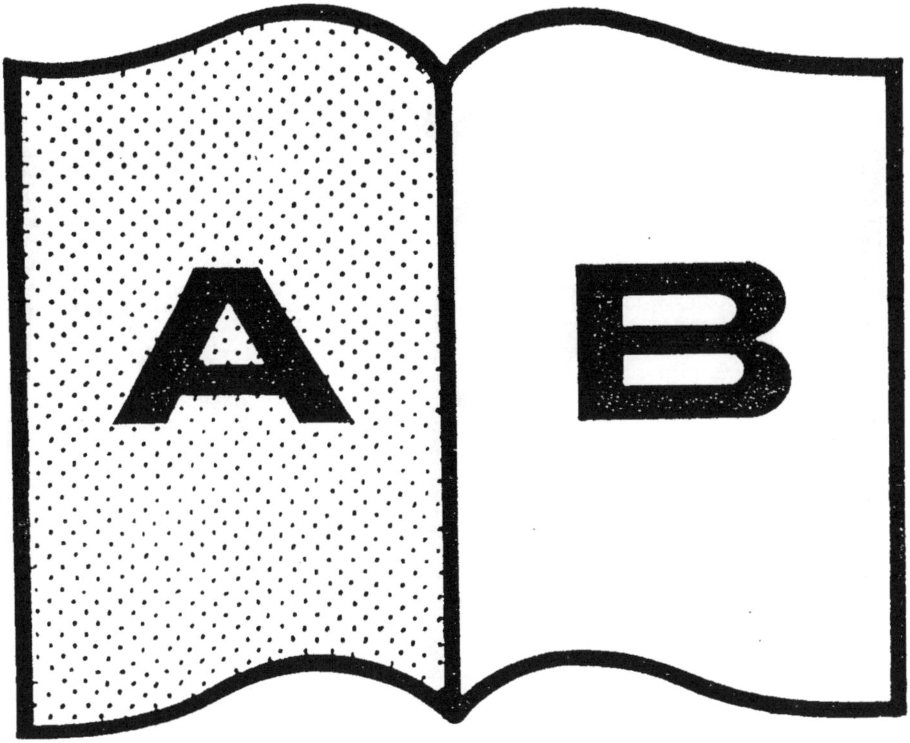

Contraste insuffisant

NF Z 43-120-14

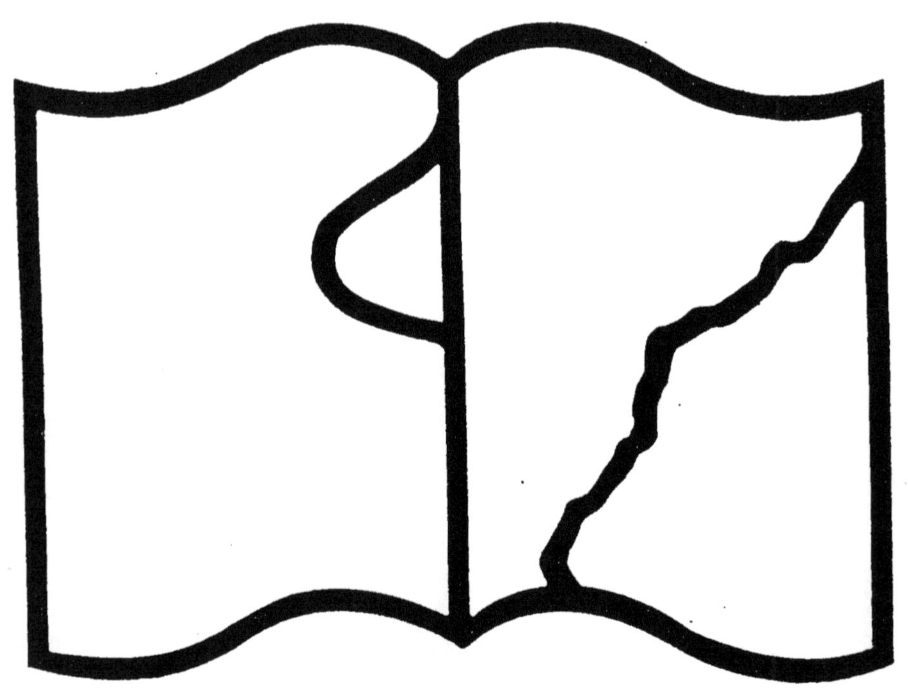

Texte détérioré — reliure défectueuse

NF Z 43-120-11

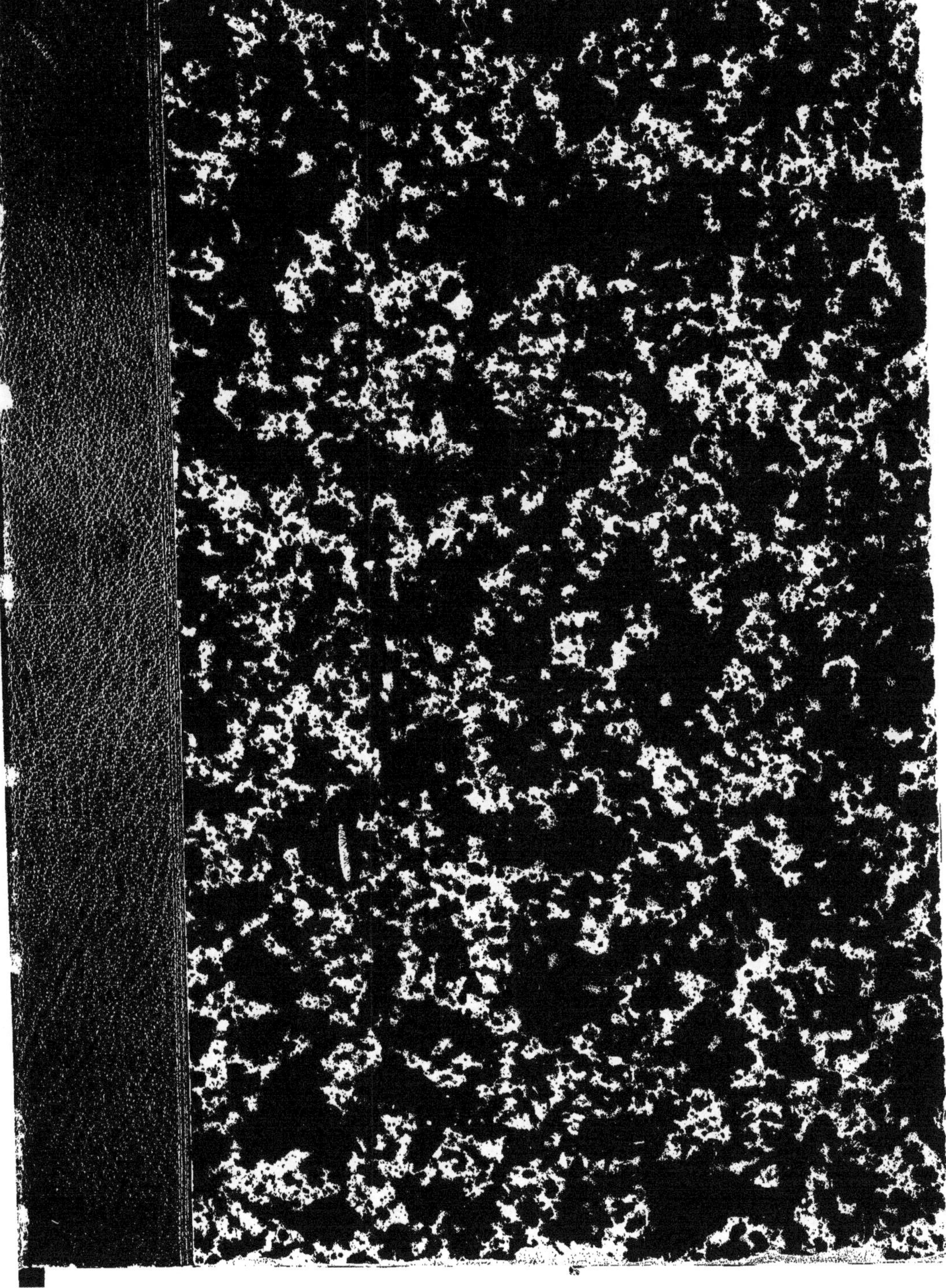

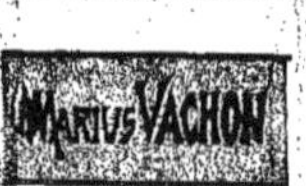

Préface
de
E. Melchior de Vogüé

LES

MARINS RUSSES

en

France

LES MARINS RUSSES en France
Texte par MARIUS VACHON
Préface de E. Melchior de Vogüé

LES
MARINS RUSSES
EN FRANCE

Illustration de l'Ouvrage :

15 grandes Planches en héliotypie et chromotypographie.

170 Dessins dans le texte, d'après nature.

Couverture en aquarelle.

MARIUS VACHON

LES MARINS RUSSES EN FRANCE

PRÉFACE

Par E. MELCHIOR DE VOGÜÉ

DE L'ACADÉMIE FRANÇAISE

PARIS

ANCIENNE MAISON QUANTIN

LIBRAIRIES-IMPRIMERIES RÉUNIES

7, rue Saint-Benoît

MAY ET MOTTEROZ, DIRECTEURS

PRÉFACE

Il y a dans le Boris Godounof *de Pouchkine une très belle scène, page classique de la poésie russe, que tous là-bas savent par cœur comme nous savons notre* Songe d'Athalie *; c'est le monologue du moine chroniqueur Pimène, alors qu'il écrit dans sa cellule, sous la lampe nocturne, le récit des faits de son temps. Le vieillard lutte contre la fatigue, il s'encourage à continuer en méditant sur la grandeur de sa tâche : tant d'événements remontent dans sa mémoire et se pressent sous ses yeux, « tumultueux comme les flots de la mer océane », qui vont périr sans laisser de trace, s'il ne les inscrit pas sur le parchemin ! Il pense à ses successeurs, « au moine laborieux qui dépliera un jour ce rouleau tout chargé de la poudre des siècles », et y trouvera les leçons du passé, le témoignage du perpétuel effort des ancêtres pour laisser une patrie à leurs descendants. Saisi d'une respectueuse terreur devant le mystère qu'il célèbre, Pimène achève d'écrire l'Histoire, jusqu'à l'aurore.*

Je suppose que les mêmes sentiments ont agité le consciencieux auteur du Mémorial des fêtes russes, tandis qu'il classait et fixait dans ce volume les visions dont nos yeux sont encore emplis. L'émotion patriotique y vibre : à cela rien de surprenant, nous l'avons tous ressentie ; mais cette émotion intellectuelle dont parle Pouchkine, et qu'il prête à l'historien chargé de retracer les grands faits de la vie des nations, comment ne pas l'éprouver devant l'événement historique dont nous avons été témoins ? Cette rencontre de deux peuples, si différente des anciens accords internationaux, nous a révélé une transformation profonde dans les ressorts traditionnels de la politique. Des sentiments instinctifs se substituant aux calculs des chancelleries ; toutes les prévisions, optimistes ou pessimistes, déjouées par la crue soudaine et irrésistible de ces sentiments : l'introduction de l'amour dans la politique, comme l'a dit un homme d'esprit, c'est là, semble-t-il, l'aspect le plus frappant, parmi tant d'aspects nouveaux qui nous furent ouverts sur le versant inconnu où descend la vieille Europe.

Soyons francs. Quand la visite des marins russes nous fut annoncée, nul ne douta de l'enthousiasme qu'elle provoquerait ; mais on donnait d'avance à l'allégresse populaire une signification restreinte et précise : le rapprochement intime des deux nations semblait n'avoir qu'un mobile, l'union défensive contre des adversaires communs. Et le contentement n'allait pas sans appréhensions, en Russie comme en France, chez tous ceux qui ont mission de sauvegarder l'ordre, la paix, la dignité nationale, les bonnes relations avec le dehors. N'aurait-on pas à regretter quelque intempérance chauvine dans les manifestations de notre joie, quelque fanfaronnade provocante pour d'autres, humiliante pour nous ? Nos amis redoutaient ces défaillances possibles ; on les tenait pour certaines, on les escomptait, partout où la malveillance nous épie.

L'événement a donné tort aux timides et aux malveillants. Il ne s'est pas produit un hoquet déplacé dans cette ivresse si bien réglée. On fait honneur au bon sens populaire de sa retenue méritoire : certes, je souscris à cet éloge, et je ne veux pas diminuer la victoire qu'ont remportée sur eux-mêmes certains cœurs dont le patriotisme est d'habitude turbulent. Mais on s'expliquerait mal le caractère des fêtes franco-russes, si l'on n'y voyait que la surveillance attentive d'une passion dissimulée. La vérité, c'est que le mobile auquel on rapportait d'abord la ferveur du rapprochement a passé au second plan. Les deux peuples s'étaient recherchés à l'origine pour se protéger mutuel-

lement contre un troisième; mis en contact, ils ont oublié cette préoccupation initiale, ils y ont substitué un rêve de fraternité touchante, une explosion d'espérances indéfinissables, sans le moindre mélange d'animosité contre des tiers.

Je ne me charge pas d'analyser cet enchantement vague, cette attente d'une nouvelle aurore dans l'histoire, ce besoin d'aimer pour aimer, qui donnèrent aux foules accourues sur le passage des Russes une physionomie si particulière. Nous l'avons tous constatée, sans pouvoir la définir; les sceptiques en ont souri d'abord, bientôt ils ont été gagnés comme les autres par l'état d'esprit universel. Paroxysmes du sentiment, inexplicables chez un peuple comme chez un individu; qui dira pourquoi, à certaines heures, à la suite de quelque incident futile en apparence, un convalescent se réveille tout à coup avec un tressaillement de joie et de force, un élan d'attendrissement vers tout ce qui l'entoure, une confiance dans la vie revenue qui lui ouvre mille horizons nouveaux ?

La meilleure explication, elle est peut-être dans la vue pénétrante de Michelet, lorsqu'il dit que « la grande entreprise commune du moyen âge, celle qui fit de tous les Francs une nation, la croisade, révèle la profonde sociabilité de la France ». Cette sociabilité de notre race a trouvé dans le rapprochement franco-russe l'occasion de se manifester, occasion d'autant plus vivement saisie que nous étions condamnés depuis longtemps à un isolement contraire à notre nature et à notre mission dans le monde. Ajouterai-je que cette apothéose triomphale assouvissait enfin des besoins d'imagination et de sentiment trop comprimés, mal satisfaits par la régularité bourgeoise de notre vie politique? Les romanciers ont pour meilleure clientèle des personnes sages, tout appliquées au travail de la semaine, qui lâchent la bride le dimanche à la folle du logis : durant ces journées d'octobre, la France a lu un beau roman.

Après le banquet de l'Hôtel de Ville, nous regardions ce peuple heureux, gai, si doux dans sa force, qui roulait sur la vieille Grève des vagues humaines sans cesse renouvelées; j'échangeais mes observations avec un historien à qui les scènes de la Révolution sont familières; les mêmes mots nous vinrent aux lèvres: « C'est la fête de la

Fédération! » Oui, j'ai mieux compris ce soir-là les récits et les estampes qui nous représentent la société française dans son exaltation d'espérance, à l'aube des temps nouveaux; quand les mains se cherchaient instinctivement, parce que l'humanité s'élargissait et que le lendemain allait être très beau. A quoi les gens qui ont lu l'histoire, et qui partant sont moroses, répondent en hochant la tête que ces crises de sensibilité durent peu, finissent mal, et que le lendemain fut 93. — Je ne dis pas non; raison de plus pour savourer ces rapides minutes. Qui voudrait priver l'adolescent de son premier rêve, sous prétexte qu'il l'achèvera en douloureuses folies? Ces instants où l'on est dupe de son imagination et de son cœur, ils font pour l'homme tout le prix de la vie, et ils font dans l'univers le prix de la France.

Et de l'autre côté, dans les profondeurs énigmatiques de la Russie, la commotion populaire a-t-elle eu la même intensité? N'ont-ils apporté dans l'alliance qu'un calcul, une force au service d'une haine, où se sont-ils abandonnés comme nous à je ne sais quel souffle de rédemption et de millénium! Tandis que Paris en liesse, sous les drapeaux et les lanternes aux couleurs russes, offrait à ses idoles son âme répandue, je me demandais souvent ce qui filtrerait de cette âme jusque dans les mornes solitudes, steppes et forêts, où le moujik coule sa rude vie. Il est si loin des conceptions, des mœurs, des bruits de l'Occident! Il nourrit une défiance séculaire contre les gens de cet Occident, qu'il appelle tous païens au même titre. Et c'est une si invraisemblable entreprise de remuer avec nos légers émois la lourde, immobile, somnolente Russie! Quel écho nous renverrait-elle? Et en renverrait-elle un?

La Russie a répondu. Le même frisson l'a secouée. Pendant une longue suite de jours, le fil électrique nous a transmis des vibrations correspondantes aux nôtres, les battements de tous les cœurs qui palpitaient à l'unisson, entre la mer Blanche et la mer de Crimée. Les humbles et les grands, les enfants des écoles et les vétérans de l'armée, les gens de toute condition et de tout âge voulaient communiquer avec leurs frères inconnus. Eux aussi, ils voyaient dans ce prodigieux transport autre chose qu'une combinaison diplomatique, ils dataient une ère nouvelle du testament de l'alliance.

ALEXANDRE III

EMPEREUR DE RUSSIE.

Entre les lettres que j'ai reçues de tous les points de la Russie, j'en veux traduire une qui marque bien cet état de pensée. Elle m'arrivait du fond des forêts de Courlande :

« ... Oui, elle est vraiment grande et bienfaisante pour les peuples de l'Europe, la signification de notre alliance. Jusqu'à ce jour, l'humanité avait coutume de voir des alliances dont le but final était le champ de bataille. Elle connaît enfin le bonheur d'en voir une qui a pour devise : Paix et travail. Vive la première alliance de cette nature qui ait jamais été conclue dans le monde, l'alliance franco-russe ! Il n'y a aujourd'hui chez nous qu'une prière sur toutes les lèvres : puisse cette alliance être la gardienne d'une ère nouvelle dans notre vie ! Puisse le sentiment fraternel qui nous jette les uns vers les autres demeurer aussi ardent, aussi entier qu'il l'est à cette minute !... »

Un mois a passé. Peut-être ces effusions feront-elles déjà sourire, le diapason de notre lyrisme ayant baissé; pas dans le peuple, qui ne sourit jamais des choses du cœur. Il était moins mystique en ses élans, notre peuple; il se rattrapait sur la finesse et la bonne grâce de ses trouvailles. Un ami m'a rapporté un trait charmant dont il fut témoin. Des officiers russes l'avaient pris dans leur landau pour le conduire au gala de l'Opéra; sur le parcours, un homme, décoré de la Légion d'honneur, sauta sur le marchepied : « Messieurs, dit-il aux marins, j'ai cherché ce que j'avais de plus cher et de plus précieux pour vous l'offrir; je n'ai rien de plus cher et de plus précieux que mon honneur : prenez-le ! » Et il leur jeta le ruban rouge qu'il venait d'arracher de sa boutonnière. On colligerait certainement tout un volume de traits pareils, si l'on avait le loisir et la patience de les rechercher.

*_**

C'est aussi un volume qu'il faudrait pour retracer, même sommairement, les précédents et l'histoire du rapprochement franco-russe. Combien de sources invisibles et lointaines ont lentement cheminé sous terre, avant de former le torrent qui a enfin rompu toutes les digues! Et l'on devrait reprendre les origines de très haut. C'est un fait remarquable que la France se tourne d'instinct vers la Russie, quand elle subit une de ces métamorphoses intérieures qui lui donnent une figure nouvelle, déconcertante pour les habitudes de nos voisins immédiats; les contacts des deux nations ont toujours quelque chose d'inattendu et de paradoxal pour les autres États; il semble que ces deux corps s'attirent en raison même de leurs différences constitutives et des antithèses politiques qui devraient logiquement les séparer.

Peu après l'an mil, quand la famille des Capétiens s'établit péniblement, l'un d'eux, Henri Ier, a l'idée bizarre d'aller chercher une femme dans ce pays fabuleux qui n'a pas encore de nom et dont on connaît à peine l'existence. La fille de Iaroslaf de Kief lui apporte un reflet de la grandeur byzantine; c'est ce qu'il faut à la jeune dynastie pour lutter contre le souvenir auguste de Charlemagne et des empereurs issus de lui. Huit siècles plus tard, Napoléon retrouve la même pensée; pour consolider l'empire révolutionnaire qu'il vient d'imposer à l'Europe, il demande une fille des Romanof; les diplomates ahuris contemplent, sur le radeau de Tilsitt, les chaudes embrassades du soldat de Brumaire et de son bon frère Alexandre, le seul ami avec lequel il consente à partager le monde. Aujourd'hui, notre République, longtemps suspecte aux monarchies voisines, triomphe de leurs bouderies en s'alliant avec le Tsar. — « Tsar orthodoxe, tsar autocrate, » disent les paroles de l'Hymne russe. — « Allons, enfants de la patrie... » répond la Marseillaise. *Et les accords des deux chants, devenus inséparables, résonnent comme une étrange cacophonie aux oreilles des diplomates étrangers, aussi ahuris que leurs grands-pères de Tilsitt; ils ne reviennent pas de cette union si naturellement, si fortement cimentée entre des éléments qui leur paraissaient plus inconciliables que le feu et l'eau.*

Elle les trouble d'autant plus qu'ils y discernent un phénomène tout nouveau, l'acquiescement passionné de deux peuples. L'un, celui de Russie, s'est donné avec le Chef qui incarne l'âme nationale, qui est la conscience vivante de tous ses sujets. L'autre, celui de France, a imposé son idée fixe à la mobilité

*de ses gouvernants; ici, la vague populaire a poussé irrésisti-
blement, vers le rivage où elle se précipitait, les flotteurs qui
croient la diriger alors qu'elle les roule à son gré. En accor-
dant à notre démocratie tous les droits et tous les pouvoirs, on
lui avait jusqu'ici refusé qualité pour juger de ses intérêts exté-
rieurs; elle a prouvé qu'elle s'y entendait, à la condition que
les lignes de la politique extérieure soient simples comme le
bon sens. Je n'oserais parler de la sorte si je n'avais recueilli,
un de ces soirs d'octobre où nous observions les manifestations
de la foule, ce propos d'un ambassadeur vieilli sous le harnais:
« Comme il est heureux que nous ayons un peuple pour faire
notre diplomatie ! »*

*Ce sera pour les historiens futurs une curieuse étude que
celle de la formation dans ce peuple d'une tradition politique
unanime et persistante. Naguère encore, il n'avait que des préventions héréditaires contre le pays lointain, inconnu, qu'on lui
représentait comme l'antipode des formes de société qu'il préfère.
Peu à peu, il a appris la Russie, il s'est fait une image favorable,
sinon très exacte, de la nation qui commençait à l'intéresser;
il a accompli ce grand progrès intellectuel, de comprendre et
d'estimer à leur juste valeur des conditions de vie sociale
contraires à ses goûts. Les préventions qui lui restaient, il les
a subordonnées avec une extraordinaire souplesse à la nécessité
évidente de chercher un appui de ce côté. Enfin l'amour est
venu, et l'amour a fait son œuvre habituelle, qui est de nous
attacher à l'objet aimé précisément par les différences avec notre
propre nature que nous remarquons en lui. L'instinct est
devenu dans notre peuple une idée claire et raisonnée, puis une
passion. Dès lors, il n'a plus toléré qu'on hésitât à le suivre
dans la voie qu'il avait choisie, et il y a mené d'étonnements en
étonnements les timides qu'il poussait devant lui.*

*Ce n'est plus un secret qu'au départ de nos vaisseaux pour
Cronstadt, nul n'avait prévu la portée et les conséquences de cette
visite de courtoisie. Quand on les vit éclater, on éprouva la surprise, et un peu l'inquiétude, de l'enfant qui croyait brûler une
simple amorce dans son pistolet, et qui entend la détonation*

d'une forte charge de poudre. A Toulon, on s'attendait bien à un coup de pistolet; surprise nouvelle, quand il se changea en coup de canon. Allez donc mesurer la puissance de ce formidable explosif, le sentiment populaire, qui venait troubler tous les calculs de la balistique des chancelleries, qui se substituait délibérément aux anciens moteurs de la machine diplomatique.

A peine nos hôtes ont-ils débarqué que le peuple prend la direction du mouvement; il imprime aux fêtes ce caractère imposant qui en fait un véritable plébiscite national. Les marins traversent la France, et nos populations se précipitent au-devant d'eux. Ceux qui ne peuvent les joindre leur envoient des milliers d'adresses; on pavoise en leur honneur d'humbles villages qu'ils ne verront jamais. Dès leurs premiers pas dans Paris, ils trouvent toute la grande ville sur pied; ils la voient ainsi durant huit jours, infatigable dans sa joie, et les acclamations ne cessent pas un instant de retentir à leurs oreilles. Chacune de leurs promenades ressemble à l'entrée d'une armée victorieuse, dans la foule fendue à grand'peine, sous les voûtes de drapeaux, sous les fenêtres et les balcons chargés de monde, où s'agitent les mouchoirs, d'où pleuvent les fleurs et les baisers des femmes. Spectacle toujours fait des mêmes éléments, toujours varié par l'ingéniosité parisienne, toujours plus grandiose et plus émouvant, jusqu'à l'apothéose finale, cette inoubliable minute où l'amiral, sortant de l'Opéra et regagnant la gare, se dressait seul dans sa voiture, éclairé comme un roi de féerie par les feux convergents des projecteurs électriques, au centre des masses noires dont on devinait la houle dans la nuit et qu'on pouvait dénombrer à l'immense clameur répercutée dans les rues lointaines.

Les mêmes scènes se renouvelaient sur la route de retour, à Lyon, à Marseille, à Toulon.

Les marins, mis à la rude épreuve physique de l'ovation perpétuelle, tenaient bon contre cette tempête charmante et inaccoutumée. On sentait qu'ils disaient vrai, quand ils affirmaient que le plaisir et l'orgueil patriotique les cuirassaient contre la fatigue. Je demandais à un Russe, qui revenait des fêtes de Lyon, ce qu'il y avait vu et ce qu'on avait pu inventer pour continuer, sans l'affaiblir, l'im-

Photographié le 14 octobre 1893, à bord de l'*Empereur Nicolas I*ᵉʳ, par M. Carpin-Marius.

pression des splendides journées parisiennes. — « Je ne sais pas, me répondit-il; depuis ma descente du train jusqu'à la minute où j'y suis remonté, on m'a embrassé sans interruption; c'est tout ce que j'ai vu. »

Rappellerai-je la tenue irréprochable de ces foules, qui faisaient elles-mêmes leur police? On n'a pas entendu un cri déplacé, on n'a pas relevé un acte de brutalité. Nos hôtes étaient émerveillés d'un tact aussi fin, conservé dans une exubérance aussi folle. Que de fois des amis russes, écrivains, journalistes, observateurs de profession, m'ont répété durant ces journées : « Nous admirons tout ici; mais sur toutes choses nous admirons votre peuple. » On ressent quelque pudeur à insister; les flatteurs du peuple ne sont que trop nombreux et trop détestables. Mais cette impression fut si universelle, elle domina de si haut toutes les autres, qu'il serait injuste de ne pas la consigner; ne fût-ce qu'à titre de réparation pour avoir douté un instant de la sagesse populaire, pour avoir nourri des craintes chimériques à l'endroit de ce grand diplomate, Monsieur Tout-le-Monde, qui a voulu et consommé l'alliance réparatrice.

Le peuple ne fut pas le seul auteur de cette idylle épique; une Puissance supérieure y a collaboré, celle qui a pouvoir de faire intervenir la Mort. Les funérailles du maréchal de Mac-Mahon ont ajouté à la visite russe un sceau de recueillement et de solennité qui a frappé les imaginations les plus rebelles. Chacun a compris l'admirable symbolisme de ce cercueil, qui descendait les marches de la Madeleine entre les représentants de l'Europe, entre les haies de baïonnettes et de sabres, et qui s'en allait sous le radieux soleil vers le dôme des Invalides; il allait ensevelir là-bas ces glorieux souvenirs de la guerre de Crimée, qui rapprochent au lieu de diviser, mais qu'il faut désormais condamner à l'oubli; il allait ensevelir des souvenirs plus récents, plus amers; il semblait que l'illustre victime de nos malheurs militaires se sacrifiât pour emporter un douloureux témoignage, pour clore la page des catastrophes et laisser à l'avenir la liberté de commencer une page plus heureuse. Ce bon serviteur servait jusque dans le tombeau; il parachevait l'alliance et en accentuait la signification, en forçant les officiers russes à marcher dans les rangs de nos soldats; il donnait l'occasion de leur montrer nos régiments, au milieu de ces fêtes pacifiques, et de les montrer sans ostentation belliqueuse, dans la grande paix de la mort. On eût dit que l'image de la guerre n'apparaissait que pour inhumer pieusement le génie de la guerre. Je ne crois pas que les plus vieux spectateurs de ces obsèques aient jamais vécu une journée plus remplie d'imprévu, de grandeur et d'enseignement. Cela encore, le peuple l'a compris, il en a témoigné par le changement soudain de son attitude.

*

Ce livre va raviver le souvenir de tant d'émotions fortes et saines. Il fera bon le lire aux heures de découragement. Elles ne reviendront que trop tôt; nous nous reprendrons à douter de nous-mêmes, quand s'élèvera le bruit misérable des rancunes civiles, des luttes de parti, des passions égarées. Que ces pages seront alors secourables! Elles nous rappelleront comment notre pays se ressaisit aux moments décisifs de son histoire, combien il est facile d'y rétablir la concorde et d'y réveiller les plus nobles sentiments, dès qu'on le met en face des grandes perspectives de la vie nationale.

Il ira aussi chez nos amis de là-bas, ce messager de la bonne nouvelle; ils aimeront à y retrouver, dans un tableau d'ensemble, les scènes que leurs journaux faisaient naguère passer sous leurs yeux étonnés. Je me figure l'odyssée d'un de ces volumes. Il est arrivé lentement dans la maison de poste d'une ville de district, tout au fond des campagnes que baignent le Volga ou le Dnieper. Une télègue attend à la porte, elle vient chercher, trois ou quatre fois la semaine, le courrier des propriétaires qui vivent sur leur bien, dans quelque pli de forêt, à de longues distances du chef-lieu. Le postillon reçoit le paquet, il enroule méthodiquement sa ceinture autour de son touloupe, se signe et fouette ses roussins en leur prodiguant de petits noms affectueux. Le voilà parti à travers les marais, les halliers de bouleaux, les interminables guérets où la route sommaire se confond volontiers avec le champ détrempé par les neiges. Heureux le volume, s'il ne fait pas plus intime connaissance avec la terre russe en chavirant dans quelque fondrière ! Enfin, voilà le toit vert de la maison; la télègue entre dans la cour enclose de palissades. Ivan décharge méthodiquement sa charrette, d'abord les objets nécessaires et qui ont vraiment du prix, les bottes neuves, le goudron, la pièce d'étoffe ou le pain de sucre achetés au bazar; puis il abandonne avec mépris au vieux majordome cette chose mystérieuse et inutile, les papiers imprimés.

Le serviteur apparaît dans la grand'salle; la famille et les voisins, réunis autour de la table où fume le samovar, commencent la veillée d'hiver en devisant des menus incidents de la vie provinciale. « Enfin, la poste ! » On rompt les bandes des journaux, pour savoir si le monde tourne toujours de même; et l'on déshabille le volume, ficelé comme une momie dans sa toile d'emballage couverte de timbres et de suscriptions. Un livre de Paris, et qui raconte le grand événement ! L'aïeule met ses besicles, chacun se rapproche, le médecin du district, l'officier de gendarmerie, l'intendant, les jeunes filles. On regarde les images, on y cherche avant tout le portrait de l'enseigne ou de l'aspirant que l'on connaît dans la flotte, parce que ces demoiselles ont dansé avec lui à Pétersbourg. Mais voici les gravures qui évoquent les merveilles tant de fois imaginées, les vaisseaux en rade de Toulon, le Champ de Mars, l'Opéra, les cortèges, les banquets, les illuminations... Le voisin qui est allé une fois à Paris explique les monuments, les rues; et il reconnaît M. Carnot, ce qui lui fait une situation.

Le précepteur des enfants, très fier de son français, propose de lire le texte à haute voix. On l'interrompt de temps en temps. — Que ça devait être beau ! — Ceci n'est pas exact : mon cousin m'a raconté qu'il y avait ce soir-là non pas dix mille personnes, mais cent mille, qui criaient toutes : « Vive le « Tsar ! » — Et on ne raconte pas comment Pavel Petrovitch, pris dans la foule, a été porté en triomphe, comment il a été embrassé par sept femmes ! Il me l'a dit. — Le précepteur enfle la voix pour lire les discours, les adresses, les télégrammes échangés; l'enthousiasme brille dans les yeux des auditeurs. La vieille dame de compagnie croit devoir faire observer que

« ça ne durera peut-être pas : ces Français sont si légers ! » Sa remarque est accueillie par un murmure d'improbation, ces braves cœurs se réjouissent et s'exaltent à leur lecture. On ferme le volume, et tous font gaiement écho au cri de l'officier de gendarmerie : Da zdravstvouiet Franzia ! Vive la France ! Une des jeunes filles ouvre le piano, terriblement enroué depuis le dernier passage de l'accordeur, elle attaque une Marseillaise qui n'a que de lointains rapports avec celle de Rouget de l'Isle.

Les semaines suivantes, le livre passera de main en main, dans les maisons espacées à quarante verstes à la ronde. Tout l'hiver, il réchauffera le sentiment qui veille, fidèle et reconnaissant, au fond de ces âmes simples que nous avons gagnées.

Souhaitons qu'il aille ainsi, notre livre, semer le bon grain d'amitié et d'espérance sur toute l'étendue des terres russes. Souhaitons qu'il garde intacte, dans nos maisons françaises, cette semence de force et de confiance. Ne laissons plus se voiler l'image de la patrie, entrevue, durant ces belles journées, si une, si grande, si pure. Ne justifions pas le mot revêche de la vieille dame de compagnie. J'imagine qu'elle était originaire d'un pays auquel nous ferions trop de plaisir, si l'on y pouvait croire que nos enthousiasmes, nos résolutions et nos bonheurs ne durent pas plus que la fusée évanouie d'un soir de fête ou que le sillage effacé des navires amis fuyant sur l'Océan.

E.-M. DE VOGÜÉ.

TOULON. — La Vieille-Darse pavoisée pour l'arrivée de l'escadre russe.

LES MARINS RUSSES

EN FRANCE

CRONSTADT. — TOULON. — ORGANISATION DES FÊTES

Réduction en noir
d'une image-souvenir coloriée.

L E 1er septembre 1893, l'empereur d'Allemagne se rendait en Alsace-Lorraine pour présider aux grandes manœuvres des corps d'armée de la frontière; et, le 3, il faisait son entrée solennelle dans Metz, ayant à ses côtés le prince royal d'Italie en uniforme de hussard hessois. Le jour de l'arrivée de Guillaume II dans les anciennes provinces de France annexées, la Chancellerie russe communiquait à l'ambassadeur de la République française à Saint-Pétersbourg l'ordre donné par le Tsar « à l'escadre russe, sous le commandement de l'amiral Avellan, de se trouver vers le 13 octobre (1er octobre russe) à Toulon, pour rendre la visite faite à Cronstadt par l'escadre française ». En même temps qu'ils annoncent que le souverain allemand et le petit-fils de Victor-Emmanuel montent à cheval pour inspecter les troupes au cœur de la cité lorraine, les journaux du monde entier publient la communication officielle du gouvernement français sur la décision d'Alexandre III. A la nouvelle de cet événement, la France éprouva une grande joie. L'accueil que le Tsar avait fait, en 1891, dans la rade de Cronstadt, à notre pavillon et à notre hymne national, était pour notre pays un témoignage éclatant d'estime et de sympathie. La visite de Toulon consacrait l'union des deux peuples, basée sur ces sentiments réciproques et sur une volonté mutuelle, énergique, d'assurer

la paix de l'Europe par cette union.

La Russie avait reçu les marins français avec une cordialité inoubliable. La France n'a point voulu rester au-dessous des manifestations de Saint-Pétersbourg et de Moscou. Immédiatement, le gouvernement décidait qu'il serait fait à l'escadre russe une réception officielle digne de nos hôtes et de la nation. Le Conseil municipal de Paris priait le président du Conseil des ministres de faire auprès du représentant du Tsar des démarches pour qu'une délégation des officiers et des matelots fût envoyée dans la capitale de la France. La Presse française, représentée par les présidents de ses six grandes associations, MM. Hébrard, président du Syndicat de la presse parisienne; Ranc, président de l'Association des journalistes républicains; Mézières, président de l'Association des journalistes parisiens; Brière, président de l'Association de la presse républicaine départementale; Merson, président de l'Association des journalistes de l'appel au peuple, et Dufeuille, président de l'Association de la presse monarchique, ouvrait, avec l'autorisation officielle, une souscription publique pour l'organisation d'une série de fêtes populaires parisiennes en l'honneur de la délégation. Le pays répondit avec un tel élan à l'appel des journaux de Paris et des départements que la souscription à peine ouverte était close.

En quelques jours on avait recueilli plus d'argent qu'il n'en fallait. La Presse constituait alors, pour préparer le programme des fêtes, un comité de vingt-neuf journaux, qui élisait une Commission exécutive comprenant les membres suivants :

Président : M. Raoul Canivet, *Paris.*
Vice-présidents : MM. Gaston Calmette, *Figaro;* Édouard Hervé, *Soleil;* Eugène Mayer, *Lanterne;* Arthur Meyer, *Gaulois;* Valentin Simond, *Écho de Paris;* Fernand Xau, *Journal.*
Secrétaires : MM. Cavalier, *Gaulois;* Moro, *Matin;* André Vervoort, *Intransigeant.*
Trésorier : M. Rouy, du Syndicat de la Presse.

La municipalité de Toulon, fièrement soucieuse de reconnaître par une hospitalité chaleureuse et brillante l'honneur du choix par le Tsar de son port comme station de la visite de l'escadre russe, avait pris l'initiative d'une série de réjouissances publiques. Marseille et Lyon réclamèrent la faveur de recevoir le commandant et les officiers de l'escadre, invoquant leurs droits de grandes cités et la coïncidence de la réalisation de leurs projets avec le voyage de la délégation à Paris. Après entente avec les municipalités et le Comité de la Presse, le gouvernement arrêtait un superbe programme de réceptions et de fêtes à Toulon et à Paris, du vendredi 13 octobre au samedi 28, avec arrêt d'un jour à Lyon et à Marseille.

L'escadre que le Tsar envoie à Toulon pour rendre la visite de Cronstadt se compose de cinq vaisseaux : *Empereur Nicolas I*er, cuirassé à tourelles fermées, de 101 mètres de

Photographie Chalot-Camus.

Canot-major russe.

longueur sur 20 de largeur, 28 canons, machine de 8,500 chevaux, 604 hommes d'équipage, commandé par le capitaine de vaisseau Dicker; *Amiral Nackimof,* croiseur cuirassé de 101 mètres de longueur sur 18 de largeur, 36 canons, machine de 8,000 chevaux et 567 hommes d'équipage, commandant le capitaine de vaisseau Lavrof; *Pamiat Azowa* (Souvenir d'Azow), croiseur cuirassé de 117 mètres de longueur sur 15 de largeur, 18 canons, machine de 11,500 chevaux, 525 hommes d'équipage, sous les ordres du capitaine de vaisseau Tchoukhnine ; *Rynda,* croiseur de première classe, protégé, à éperon, de 81 mètres de longueur sur 14 de largeur, 20 canons, machine de 3,600 chevaux, 322 hommes d'équipage, commandé par le capitaine de vaisseau Grieger ; *Téretz,* canonnière de première classe, commandant le capitaine de frégate Lochtchinsky. Cette escadre est sous les ordres de l'amiral Avellan, qui a arboré son pavillon de commandement sur l'*Empereur Nicolas I*er. En 1891, la division cuirassée commandée par l'amiral Gervais comprenait les cuirassés *Marceau* et *Marengo,* les cuirassés gardes-côtes *Requin* et *Furieux,* le croiseur de troisième classe *Surcouf,* l'aviso-torpilleur *Lance,* les torpilleurs 128 et 129, et comptait 2,143 hommes d'équipage. Le Tsar a voulu ainsi fort courtoisement que la force navale russe à Toulon fût, autant que le permettait la composition des flottes des deux pays, de même importance que celle de la France à Cronstadt. Aussitôt la nouvelle de la visite de l'escadre russe transmise par l'ambassadeur de France, le ministre de la Marine arrêtait que l'escadre de réserve de la Méditerranée serait mise en état de disponibilité, de façon qu'on pût donner, dans la rade de Toulon, à l'escadre russe, une imposante garde d'honneur, formée par huit cuirassés : *Formidable, Hoche, Dévastation, Amiral Baudin, Marceau, Neptune, Richelieu* et *Colbert;* trois croiseurs : *Tage, Alger* et *Davout;* trois croiseurs-torpilleurs : *Faucon, Vautour* et *Wattignies;* trois avisos-torpilleurs : *Bombe, Léger* et *Levrier,* et sept croiseurs de haute mer : *Ouragan, Téméraire, Coureur, Kabyle, Audacieux, Corsaire* et *Mousquetaire.* Le gouvernement décidait ensuite que le ministre de la Marine se rendrait à Toulon pour recevoir l'escadre russe au nom du Président de la République.

En outre des contributions à la souscription ouverte par la Presse, toutes les municipalités des villes de France votèrent des crédits importants pour célébrer, par des fêtes publiques, par le pavoisement et l'illumination des édifices, l'arrivée à Toulon de l'escadre russe. Dans les ports de mer, militaires et de commerce, le 13 octobre, tous les vaisseaux et tous les navires étaient pavoisés comme au 14 Juillet.

Les autorités rendaient officiellement visite aux consuls et vice-consuls de Russie, aux officiers de marine en rade et aux personnages russes de passage, en villégiature ou en mission, et donnaient en leur honneur des réceptions et des banquets. Les conseils généraux, les conseils d'arrondissement et les conseils municipaux ont envoyé à Toulon, à Marseille, à Lyon et à Paris, des délégations présenter au commandant et aux officiers de l'escadre russe leurs compliments et leurs souhaits de bienvenue. Partout il s'est constitué des comités

A TOULON.

Les tartanes se rendant au-devant
de l'escadre russe.

Photographie Giletta, à Nice.

d'associations corporatives, de syndicats, de sociétés, de cercles, d'écoles et de simples particuliers, industriels, commerçants, artistes et ouvriers, pour envoyer des adresses et des cadeaux.

Le pays tout entier a témoigné, ainsi, d'une façon éclatante, au Tsar, sa gratitude, et à la nation russe son amitié. Comme l'a dit éloquemment Pasteur, « la France a montré son âme à la Russie », dans cette série de fêtes, d'une physionomie si grandiose et d'un caractère si élevé, à la fois joyeuses, patriotiques, solennelles et émouvantes.

A Toulon, la Provence a donné à nos hôtes la joie enivrante de son clair soleil, de ses montagnes bleues, de sa côte d'azur, de ses fleurs et de ses parfums; elle les a grisés gaiement de musique et de poésie.

Paris leur réservait l'émotion des promenades triomphales, des ovations gigantesques; l'étonnement des cortèges d'un million d'hommes; en même temps que son génie artistique, pour les charmer, improvisait, dans ses palais, les plus merveilleux spectacles, et, dans la rue, d'incomparables féeries.

A Lyon et à Marseille, ils ont senti leurs cœurs battre aussi vivement, au spectacle d'un enthousiasme non moins vibrant.

C'est tout cela que nous avons voulu décrire, dans les pages qui suivent, en mettant dans ce récit les sensations profondes d'un écrivain amoureux d'art et d'un citoyen fier de sa patrie.

Canot-amiral français
pendant le débarquement de l'amiral Avellan.

(Photographie communiquée par le *Petit Parisien*.)

A Toulon. — L'équipage du *Teretz*.

TOULON

L'ARRIVÉE DE L'ESCADRE RUSSE

A
Toulon.
*L'Empereur
Nicolas I*ᵉʳ
entrant en rade.

Photographie de M. Otto fils.

L E 13 octobre, un soleil radieux d'automne méridional se lève sur Toulon. La ville tout entière est pavoisée et enguirlandée. La municipalité a fait distribuer dix mille drapeaux, et deux cent mille francs ont été consacrés à la décoration du port, des rues, des places, des édifices et des monuments. Ce n'est plus 70,000 habitants que possède à cette heure la bruyante et joyeuse cité maritime, mais 300,000. De tous les points de la France, on est accouru pour assister à l'arrivée de l'escadre russe et aux fêtes organisées par la ville et par le gouvernement. Les terrains vagues autour des fortifications ressemblent à des campements de tribus arabes, et la belle étoile a compté plus d'un hôte cette nuit.

La division légère doit se rendre au-devant de l'escadre russe. Le *Davout* aura à son bord le capitaine de vaisseau Maréchal, chargé de saluer l'amiral Avellan, au nom du ministre de la Marine; le lieutenant de vaisseau Voiellaud, attaché à sa personne pendant son séjour en France; MM. de Giers, Behr et Swetchine, représentant M. de Mohrenheim, ambassadeur de Russie en France, le consul de Russie à Marseille et le vice-consul à Toulon. A six heures du matin, il donne l'ordre d'allumer les feux et, à huit heures, arbore au grand mât le triangle de commandement. L'escadrille appareille. Les avisos torpilleurs, *Léger, Dragonne, Bombe* et *Dague,* les torpilleurs de haute mer, *Audacieux, Coureur, Kabyle, Orage, Aigle* et *Éclair,* et le remorqueur *Hercule,* sur lequel sont montés les pilotes et les adjudants chargés de conduire les cuirassés russes à leur point d'attache, escortent le *Davout.* Le sémaphore du cap Sicié a signalé l'escadre russe au large à dix-huit milles, naviguant en ligne de file, dans l'ordre suivant : *Empereur Nicolas Ier, Amiral Nackimof, Pamiat Azowa, Rynda* et *Teretz.* A neuf heures un quart, le *Davout,* arrivé à deux cents mètres du vaisseau-amiral, hisse le pavillon de la marine russe à son mât de misaine et le salue de treize coups de canon, pendant que tous ses hommes, placés à la bande et dans la mâture, poussent des hourras.

Photog. de M. Otto fils.

L'équipage du *Richelieu* prenant position pour saluer l'escadre russe.

L'*Empereur Nicolas Ier* répond coup pour coup, et sa musique mêle les accents de la *Marseillaise* aux acclamations de ses marins et de ses officiers. Alors l'escadre russe stoppe ; l'escadrille se range en ligne de file et décrit un cercle d'honneur. Les officiers agitent leurs casquettes ; les marins, leurs bérets; et les cris vigoureux de : Vive la France ! Vive la Russie! s'échangent entre tous les vaisseaux. A la hauteur de l'*Empereur Nicolas Ier,* le *Davout* s'arrête; deux de ses canots mettent à bord du vaisseau russe les personnages officiels, que l'amiral Avellan reçoit au pied de l'échelle de commandement. Le capitaine de vaisseau Maréchal transmet au commandant de l'escadre russe les

L'ESCADRE RUSSE A TOULON. — L'*Empereur Nicolas Ier*, vaisseau-amiral.

compliments de bienvenue du ministre de la Marine. L'amiral remercie de l'accueil chaleureux qui lui est fait à son entrée dans les eaux françaises, et exprime la joie sincère de la marine russe de rendre à la marine française la visite de Cronstadt. Le capitaine prie ensuite l'amiral de vouloir bien accepter deux bouquets offerts par l'amiral Gervais et l'amiral de Boissoudy, en témoignage de satisfaction pour l'heureux voyage accompli. Pendant ce temps, l'*Hercule* avait réparti entre tous les vaisseaux ses pilotes et ses adjudants; et, à dix heures vingt, l'escadre russe reprenait sa marche vers Toulon, suivie par l'escadrille française. L'*Empereur Nicolas I*ᵉʳ double le cap Cepêt et salue la terre de vingt et un coups de canon. La batterie de la Grosse-Tour lui répond par une salve; et la Société colombophile la *Forteresse* fait un lancer de trois cents pigeons, qui planent un instant au-dessus du vaisseau-amiral et se dirigent à tire-d'aile vers le fort Saint-Louis, leur colombier. Les marins russes, qui ont la superstition charmante de la protection de ces volatiles, regardent cela comme un heureux présage et en témoignent leur plaisir. Dans la rade, les deux escadres françaises de la Méditerranée ont été disposées sur quatre lignes perpendiculaires au port. La ligne la plus rapprochée du Mourillon a en tête la *Dévastation;* derrière ce vaisseau viennent : le *Tage* et le *Vautour*. La deuxième ligne est composée du *Formidable,* du *Marceau,* de l'*Amiral Baudin* et du *Wattignies*. La troisième ligne comprend le *Richelieu* de l'escadre de réserve, le *Hoche,* le *Neptune* et le *Faucon* de l'escadre active. Sur la quatrième ligne se trouvent le *Colbert* et l'*Alger*. Superbe, le spectacle de tous ces vaisseaux énormes, avec leurs hautes tourelles d'acier à doubles et triples couronnes de haubans, leurs ponts superposés et leurs mâts à vergues immenses, au repos dans un calme athlétique. Le *Formidable*, qui porte le pavillon du commandant de l'escadre active, fait un signal. Un coup de sifflet retentit aussitôt à chaque bord; tous les équipages grimpent dans les haubans et dans les hunes, se groupent sur les passerelles et le long des bastingages. Le vaisseau-amiral français hisse alors le drapeau russe et tire une salve de vingt et un coups de canon : l'*Empereur Nicolas I*ᵉʳ est entré dans le port. Alors, de tous les points, les yachts, les tartanes, les youyous, les pointus, les barques de pêche, etc., bondés de spectateurs, s'inclinent à la brise, comme un vol immense de mouettes et s'élancent, toutes voiles dehors, à la rencontre des vaisseaux russes, qui s'avancent lentement, avec majesté, dessinant, dans

Photographie Chalot-Camus.

Le *Teretz*, canonnière de première classe.

Photographie Giletta, à Nice.

Le *Pamiat Azowa* (Souvenir d'Azow), croiseur cuirassé.

L'ESCADRE RUSSE A TOULON.

l'atmosphère ensoleillée et sur les flots bleus de la mer, chacun ses formes originales et variées. L'*Empereur Nicolas Ier* domine toute l'escadre de sa haute et large carrure et de ses deux grands mâts à vergues. Le *Pamiat Azowa* profile la fière élégance de sa coque et de ses agrès. On admire de l'*Amiral Nackimof* la trapue et vigoureuse carène; du *Teretz,* la fine taille, blanche; et du *Rynda,* la cuirasse effilée. Des ponts aux sommets des mâts, des grappes humaines enguirlandent tous les vaisseaux. Les escadres françaises ont offert l'hospitalité de leurs bords à la haute société toulonnaise, aux personnages et fonctionnaires venus de partout pour prendre part aux fêtes. Les claires toilettes des femmes, les ombrelles blanches et roses, les mouchoirs de batiste qu'on agite, décorent de colorations délicates et fraîches tous ces monstres d'acier et de fer, tous ces engins de guerre, aux lourdes masses et aux silhouettes sévères. De grands steamers marseillais se sont transformés en hôtels flottants, et l'on a affrété tous les vapeurs de la Côte d'Azur, de Nice à la Ciotat, pour transporter des voyageurs. C'est déjà tout un monde sur la mer. Une fourmilière couvre le littoral. Les édifices et les maisons qui bordent le port ont leurs toits convertis en terrasses; leurs balcons et leurs fenêtres, en gradins, où paraît s'être étagée la ville entière. Quand cette foule a entendu le premier coup de canon du *Formidable,* et qu'elle a aperçu l'*Empereur Nicolas Ier,* l'amiral Avellan debout sur la tourelle d'avant, tête nue, entouré de son état-major; un seul cri de : Vive la Russie! est sorti de toutes les poitrines, si intense, si puissant, qu'il a semblé que, du Faron au Piton de Six-Fours, du Coudon à Cépet, toutes les collines en aient tressailli et s'en soient renvoyé l'écho vibrant. Et les poètes ont eu l'évocation grandiose d'un « Lohengrin » du xixe siècle, accourant du Nord, sur un cygne d'acier, pour protéger de son épée, contre la calomnie, l'honneur et la vie d'une nouvelle Elsa de Brabant.

A mesure que le cortège, dans une marche triomphale, s'avance vers Toulon, les marins des escadres françaises et russe se saluent, et la population acclame ses hôtes avec une émotion qui va toujours grandissant. Les équipages ont d'abord suivi les règlements officiels; ils agitaient les bérets en cadence et poussaient en mesure les hourras. Mais bientôt le spectacle est devenu si imposant, si solennel; il a fait vibrer si vivement tous les cœurs; il a soulevé si fort toutes les poitrines, que la discipline, le scepticisme, la contrainte et l'amour-propre, sont emportés par un cyclone d'enthousiasme. Il n'y a plus là que des hommes qui, dans l'irrésistible élan de la passion, veulent crier ce qu'ils éprouvent. La folie de l'âme s'est emparée de tous, cette folie puissante, qui fait les foules héroïques, sublimes et surhumaines. Les vieux loups de mer, les durs à cuire, philosophes, résignés ou indifférents, qui ont souri à toutes les misères, qui ont affronté joyeusement tous les dan-

Photographie communiquée par le *Petit Parisien*.

A TOULON. — L'escadre russe est en vue.

Le salut du vaisseau-amiral.

gers, et que les plus terribles morts trouveraient impassibles, pleurent comme des femmes et des enfants ; et aucun ne songe à essuyer ses yeux d'un revers de main. Quel trouvère contemporain recueillera dans un nouveau Saint-Graal cette précieuse larme de joie et d'espérance des deux peuples ?

Tous les vaisseaux russes ont pris leur mouillage, entre des vaisseaux français. Instantanément, la flottille des yachts, des bateaux de pêche et des tartanes fait à chacun d'eux une ceinture éclatante de voiles rouges et de drapeaux aux couleurs nationales de France et de Russie. De là montent aux marins les gracieux compliments, les bonjours joyeux, les bienvenues cordiales. On leur dit ces mille choses si tendres et si pittoresques, que mettent sur toutes les lèvres le cœur et la langue du

Midi ; on leur chante d'amoureuses et patriotiques chansons. Les jolies filles de Provence ont les mains et les bras pleins de fleurs. Impatientes et épanouies, elles envoient des baisers.

Comment l'amiral et son état-major pourront-ils, à une heure, embarquer pour faire leurs visites officielles ? Tout en agitant leurs casquettes pour répondre aux hourras incessants, tout ensouriant de plaisir pour tant de caresses, les officiers russes implorent le passage. Enfin, le canot se dirige vers le quai de l'Horloge de l'Arsenal. A la Chaîne neuve, la marine a élevé un arc de triomphe. De chaque côté de la passe se dressent deux mâts immenses, avec corne et à deux hunes, reliés par un grand filet recouvert de drapeaux des deux nations, formant arceau.

Photographie Carpin-Marius.

A TOULON.

L'amiral Avellan abordant au quai de l'Horloge, à l'Arsenal.

Les mâts sont garnis de flammes avec pavois de pavillons et portent à la corne le drapeau français.

Au moment du débarquement, les tambours battent, les clairons sonnent aux champs ; les canons-revolvers hissés dans les hunes tirent une salve ; la batterie d'artillerie de marine, placée derrière le vaisseau-caserne des vétérans, la *Guerrière,* fait un salut de treize coups de canon, et la musique des équipages de la flotte joue l'Hymne russe. Les amiraux Rocomaure, major général de la marine, et de Slane, chef d'état-major du Préfet maritime, souhaitent la bienvenue à l'amiral Avellan et à ses officiers.

Là se forme le cortège pour la visite à la Préfecture maritime. Un piquet de gendarmerie l'escorte ; et les troupes en grande tenue font la haie sur le parcours. Place d'Armes, deux musiques militaires jouent

A TOULON.

Débarquement des officiers russes à l'Arsenal.

(Photographie communiquée par le *Petit Parisien*.)

l'Hymne russe et la *Marseillaise*. L'amiral et ses officiers marchent tête nue. La foule se découvre respectueusement et les acclame.

Dans le grand salon d'honneur de la Préfecture, le ministre de la Marine, qui a à ses côtés l'amiral Vignes, préfet maritime, va au-devant de l'amiral Avellan et le salue au nom du gouvernement.

Pendant la visite, l'Orphéon toulonnais vient sous le balcon de l'hôtel chanter, en russe, l'Hymne national de Russie ; toutes les têtes se découvrent et toutes les mains applaudissent. Les officiers russes regagnent ensuite la rade, en suivant la même route, et, pendant l'après-midi, reçoivent à leurs bords les autorités maritimes et les délégués du gouvernement.

Aussitôt après la visite de l'amiral Avellan, le ministre de la Marine télégraphiait au Président de la République la nouvelle officielle de l'entrée en rade de Toulon de l'escadre russe; et M. Carnot adressait cette dépêche à l'Empereur de Russie, en villégiature à Fredensborg, en Danemark :

A Sa Majesté l'Empereur de Russie, château de Fredensborg.

Au moment où la belle escadre envoyée par Votre Majesté vient de mouiller dans la rade de Toulon, et où les braves marins russes entendent les premières acclamations que leur réservait le peuple français, j'ai à cœur d'adresser à Votre Majesté tous mes remerciements et de lui dire la joie sincère que j'éprouve en présence de ce nouveau témoignage des sympathies profondes qui unissent la Russie et la France.

CARNOT.

Le Tsar a répondu immédiatement de Fredensborg au Président de la République :

En réponse à votre aimable télégramme, je tiens à vous exprimer tout le plaisir que j'éprouve de ce que notre escadre ait pu rendre la visite que les braves marins français ont faite à Cronstadt.

ALEXANDRE.

A l'heure même où l'escadre russe entrait à Toulon, un grand événement, confirmation éclatante des sentiments qui avaient inspiré la haute mission de l'amiral Avellan, se produisait à Copenhague. Alexandre III visitait un des deux croiseurs français mouillés en rade, l'*Isly*, et autorisait le commandant à arborer le pavillon impérial pendant son séjour à bord. Informé de cette visite par le représentant de la France en Danemark, M. Carnot s'empressait de télégraphier à l'Empereur de Russie :

A Sa Majesté l'Empereur de Russie, château de Fredensborg.

En honorant de sa visite les vaisseaux français mouillés devant Copenhague, Votre Majesté a donné, hier, à mon pays, une nouvelle marque de sympathie, dont la France tout entière sera profondément touchée. Je me fais son interprète en vous adressant mes chaleureux remerciements.

CARNOT.

L'accueil fait à l'état-major de l'escadre russe a été chaleureux; mais, par amour-propre de clocher, la population toulonnaise gardait l'enthousiasme méridional, exubérant, pittoresque, pour la réception par la municipalité dans l'après-midi. Quel décor de fond, superbe, fait à cette cérémonie populaire, la vieille darse, avec son massif hôtel de ville aux puissantes cariatides de Puget, ses maisons étroites et hautes, dont les balcons, les fenêtres et les toits décrivent les lignes et les silhouettes les plus capricieuses, et sur lesquelles le soleil du Midi a cuit des façades d'émail et de lave, aux tons de bronze florentin, de vieil ivoire, de cuir de Cordoue et d'écorce de citron ! Les habitants ont arboré partout des trophées de drapeaux, des guirlandes de pavillons, et mis aux balustres des terrasses et aux grilles des balcons des draperies éclatantes, des festons et des arabesques de lanternes vénitiennes et de verres de couleurs. La municipalité a fait ériger sur le carré du port deux gigantesques pylônes, où sont peintes en relief des figures allégoriques ailées; et un arc de triomphe de deux mâts, que relie une immense banderole portant en

Photogr. du *Petit Parisien.*

TOULON. — La municipalité quittant la mairie
pour aller recevoir l'amiral Avellan.

russe une inscription de bienvenue. D'innombrables barques de pêche et de promenade, tous les canots, remorqueurs et bachots de Toulon, couvrent les eaux, serrés les uns contre les autres à ne pouvoir jeter une pelure d'orange à la mer, enchevêtrant les pimpantes voiles rouges, triangulaires, et pavoisés, aux pointes des mâts et des vergues, de drapeaux tricolores et de pavillons blancs à la croix bleue de saint André. Il y a là cent mille spectateurs, enfiévrés et impatients. Les officiers russes pourront-ils jamais traverser cette flotte, qui, du quai, paraît être impénétrable et s'étendre jusqu'à l'horizon ? Une explosion de cris vient de la rade : l'amiral a quitté l'*Empereur Nicolas I*er. Son canot s'avance lentement; les matelots peuvent à peine manœuvrer leurs rames. De chaque bateau pleuvent des fleurs. La passe du vieux port est franchie. La batterie de la *Couronne* tire une salve ; les cloches sonnent à toutes volées ; les musiques militaires jouent l'Hymne russe, et la foule, du quai, des maisons et des barques, pousse des acclamations enthousiastes : l'émotion est infinie. Sur les quais ont été groupées les autorités administratives et les délégations diverses. Quand l'amiral met pied à terre, le préfet du Var lui présente les sénateurs, les députés et les conseillers généraux du département; puis, le maire de la ville de Toulon, M. Ferrero, s'avance et prononce un éloquent discours, qu'il termine en criant : Vive la Russie! C'est alors une tornade de hourras et d'applaudissements. La municipalité avait invité le poète provençal, M. Jean Aicard, à dire des vers en l'honneur de la Russie. D'une voix retentissante et émue, qui domine un instant toutes les rumeurs, tous les bruits, le poète jette à l'escadre russe un salut lyrique superbe.

A l'hôtel de ville, l'amiral reçoit de nombreuses délégations de municipalités de Provence, d'associations corporatives, de sociétés de secours mutuels et de bienfaisance, etc., et adresse personnellement à chacun des présidents les paroles les plus gracieuses. Le maire l'invite à contempler le

merveilleux spectacle que présente la vieille darse. Aussitôt que le commandant de l'escadre russe apparaît au balcon, c'est une joie impétueuse ; trois fois, il doit s'y montrer de nouveau, pour répondre au désir de la foule, de plus en plus exaltée. Avec sa haute stature, sa tête puissante, son large visage aux grands yeux clairs de Finlandais, à barbe flavescente en éventail, l'amiral plaît à ce peuple méridional, épris de beauté plastique ; et la noble sérénité, la fierté souriante du colosse le séduisent, dans son goût traditionnel des vivantes allégories. Et ils sont tous ainsi, les officiers qui entourent le commandant de l'escadre russe ; il y en a même

Image-souvenir.

de plus gigantesques encore, qui ne paraissent ni plus solennels ni moins doux. Un incident marque la fin de la réception. Le maire de Toulon prie l'amiral Avellan d'accepter une coupe de champagne. Mais le commandant est si ému qu'il laisse tomber du vin. Une des dames présentes, Mme Juliette Adam, lui dit :

A TOULON. — Les embarcations sur la Vieille-Darse.
(Épreuve obtenue par le photosphère de la Compagnie française photographique, à Paris.)

Il est un proverbe français qui assure que lorsque la liqueur du verre tombe à terre, c'est signe d'ample moisson et de prospérité. Votre main, en tremblant, amiral, a répandu à terre quelques gouttes de champagne qui seront un gage de prospérité pour les deux pays amis, et qui ajoutent dès à présent un nouveau présage de bonheur à ceux que votre visite nous apporte.

Le retour renouvelle l'ovation de l'arrivée. La réception de l'hôtel de ville a été le signal de la fête populaire. Les musiques, les orphéons et les sociétés chorales de Toulon se réunissent en cortège sur le carré du port, et parcourent la ville en jouant et chantant l'Hymne russe, la *Marseillaise* et la *Toulonnaise*.

Le soir, l'amiral Vignes, préfet maritime de Toulon, recevait à dîner les officiers des escadres. On y échange des toasts, dont chaque parole russe ou française est une expression de joie dans le présent et de confiance dans l'avenir, inspirée par les témoignages éclatants de mutuelle amitié et par l'affirmation loyale d'une volonté réciproque énergique de maintenir la paix par l'union indissoluble des deux peuples. L'amiral Avellan déclare galamment qu' « il ne peut traduire comme il le voudrait les sentiments qui l'animent, en présence d'une réception aussi splendide et aussi amicale, son éloquence n'augmentant pas autant que son émotion ». Toute la soirée est une fête de nuit générale, multiple et variée, qui recommence sur un point quand elle est terminée sur un autre. Place de la Liberté, devant trente mille spectateurs, on donne en plein vent un ballet franco-russe, et l'on fait jouer des fontaines lumineuses ; sur la place d'Armes, la musique des équipages de la flotte organise un concert public ; au Grand Théâtre, un spectacle de gala, dont le programme

A Toulon. — Bouquetière fleurissant un marin russe.
(Croquis de Mars.)

est composé du quatrième acte de l'*Africaine,* du ballet de la Fête du printemps d'*Hamlet* et du ballet du deuxième tableau de *Michel Strogoff,* réunit les autorités, les officiers des escadres et les personnages officiels. Sur les vaisseaux des deux escadres, les marins fraternisent joyeusement. Toute la ville est illuminée ; dans les rues et sur les places s'improvisent des bals et des farandoles. A deux heures du matin, la ville et la rade ne sont point encore endormies.

Le lendemain, Toulon se réveille en musique. La Provence a envoyé ses plus fameux tambourinaires. Dès l'aurore, ils se mettent en route, « tutu, pan pan », pour donner des aubades aux autorités. Leur première visite est pour le vice-consul de Russie ; ils vont ensuite à la Préfecture maritime, chez le sous-préfet, au *Petit Var,* etc., et ils terminent cette promenade pittoresque pár l'hôtel de ville, où ils jouent, devant la population charmée, l'Hymne russe et la *Marseillaise,* sur leurs

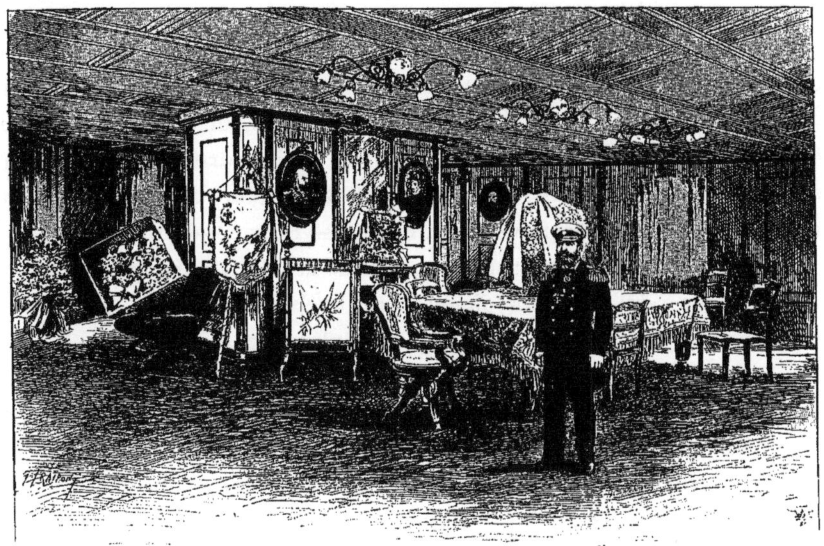

Photographie Carpin-Marius.

Le salon de l'amiral Avellan, à bord de l'*Empereur Nicolas I*er.

fifres et leurs tambourins, auxquels ils ont mis symboliquement des ramelets d'olivier. Puis, ce sont les sociétés de gymnastique qui parcourent les rues, clairons en tête, claironnant leurs plus vibrantes sonneries, des chœurs qui chantent à tous les carrefours de patriotiques chansons. Les brumes d'or qui couvrent la rade et que trouent çà et là les premiers rayons du soleil annoncent une journée aussi radieuse que celle d'hier.

Dans la matinée, les officiers russes et français et les autorités continuent à échanger des visites. L'amiral Avellan reçoit à son bord de nombreux personnages officiels, les délégations des municipalités de Paris, de Lyon, de Marseille, d'Ajaccio et de Nice, qui viennent prier le commandant de l'escadre russe de visiter leur cité ; d'autres qui apporten des adresses et des présents. A deux heures, une fête de gymnastique est donnée sur les terrains de la Rode, par soixante-quinze sociétés accourues de tous les points de la France.

Le soir, l'amiral de Boissoudy offrait aux officiers russes un banquet à bord du *Formidable*. L'immense cuirassé a reçu une décoration luxueuse et d'une pittoresque originalité : pavois de pavillons à ses gigantesques tourelles ; drapeaux russes et français à ses hunes et à ses bastingages ; guirlandes de verdure et de fleurs autour des canons et des cabestans. La salle du banquet est à l'arrière, formée de tentes en toile ornées d'oriflammes aux couleurs des deux nations. De grappins argentés ayant aux pattes des lampes électriques, on a fait des appliques et des lustres étincelants. L'énorme canon de 37 porte, à sa gueule braquée sur les convives, une gerbe de fleurs, et, au-dessus, un cartouche où se lisent les mots : « Honneur — Patrie — Cronstadt 1891 — Toulon 1893. » Et, partout sur les parois de la salle, des drapeaux enlacent des trophées de sabres-baïonnettes, de haches d'abordage et de fusils. Les toasts deviennent de plus en plus chaleureux et expressifs. L'amiral de Boissoudy évoque le souvenir des exploits héroïques de la marine russe, pendant la guerre contre la Turquie, et déclare spirituellement que « parmi les noms des héros qui lui viennent aux lèvres, il n'en citera aucun, parce que tous les officiers russes lui répondraient que chacun de leurs camarades en aurait fait autant ». L'amiral Avellan répète qu'il est impuissant à traduire en paroles ce que son cœur ressent.

A dix heures, tous les convives quittent le *Formidable,* pour se rendre à l'Arsenal, au bal donné par les officiers de terre et de mer à l'escadre russe. Quelle belle galerie de fête a improvisée en quelques jours le comité organisateur, au premier étage de la grande salle des gabarits des cales Vauban! Les charpentes et les murs disparaissent sous une tenture de toile, mesurant près de trois mille mètres de développement et ornée de faisceaux d'armes et de trophées de drapeaux. La lumière est fournie par dix lustres, dont l'ingéniosité et le goût des ouvriers des ateliers d'armurerie ont fait des chefs-d'œuvre de fantaisie artistique. Ils sont composés de vieilles armes et de pièces d'ancienne arquebuserie. Des canons de pistolets, de sabres anglais et de pistolets de gendarmerie du modèle 1842 représentent les bougies, dont les bobèches sont des couvre-bassinets provenant de fusils à silex ; des baguettes de fusils réunies adroitement en chapeau forment le réflecteur, décoré de feuillage en têtes de chiens de fusils, de fleurs en calottes de pistolets, et d'une dentelle de couvre-bassinets. Chaque lustre porte cinquante lampes électriques. A l'entrée de la salle, deux canons, simulant des pilastres, soutiennent une croix de la Légion d'honneur. L'estrade des musiciens est une immense corbeille de fleurs, à bordure de camélias et d'œillets, rouges, roses et blancs. Sept mille personnes ont été invitées à cette fête magnifique, où la somptuosité du décor, l'éclat et la variété des uniformes civils, marins et militaires, — il y a même des officiers brésiliens et japonais, — s'harmonisent avec la richesse et la fraîcheur des toilettes de bal des femmes élégantes, parées de fleurs autant que de joyaux. Les officiers russes font leur entrée au bras des officiers français, suivant l' « amatelotage » des vaisseaux; l'amiral de Boissoudy accompagne l'amiral Avellan. La musique des équipages de la flotte joue l'Hymne russe et toutes les mains agitent les chapeaux, les bicornes et les éventails, aux cris de : Vive la Russie ! Vers minuit, huit officiers et huit jeunes filles,

Broche-souvenir.

MM. Caubet, lieutenant de vaisseau, avec Mlle Louise Vignes; Jan, médecin de 1re classe, avec Mlle de Slane; de Saint-Seine, enseigne, avec Mlle de La Jaille; Soulié, capitaine au 111e de ligne, avec Mlle Marguerite Vignes; Besse, sous-commissaire, avec Mlle Surcouf ; Castelnau, sous-ingénieur, avec Mlle Aube ; Tadié, enseigne, avec Mlle Drageon.; et M. Divain, lieutenant au 111e de ligne, avec Mlle Gigon, conduisent un cotillon monstre, où l'on distribue des bonnets russes aux acclamations de toute la salle, et dont la deuxième figure improvisée va provoquer une manifestation émouvante. Tous les couples français s'arrêtent. Les officiers russes dansent leur mazurka nationale; à la mesure finale, ils se jettent à genoux devant les danseuses et baisent le bas de leurs robes. L'un d'eux, enthousiasmé, crie : Vivent les femmes de France !; tous ses camarades l'imitent ; et la salle entière répond : Vive la Russie ! Le jour poind ; la musique joue la *Marseillaise,* qu'accompagnent en chœur tous les invités ; et, quand la retraite sonne, les officiers français enlèvent sur leurs épaules les officiers russes et les portent en triomphe, en chantant.

Pendant ce temps, sur la vieille darse et sur la rade, la féerie d'une fête vénitienne charmait le public. Les eaux et le ciel sont embrasés. Tous les vaisseaux ont sur leurs bastingages une ceinture éblouissante, avec des écussons parlants, lumineux, inspirés par le nom qu'ils portent : le *Colbert,* une couleuvre, le *Caïman,* un magnifique saurien, etc.; du haut en bas, la mâture est enguirlandée d'étoiles ; des lignes de feux partent de l'avant, gagnent les hunes et se terminent à l'arrière, dessinant sur le fond de l'horizon de gigantesques figures de géométrie. Tous les bateaux de pêche et de plaisance, les vapeurs et les yachts, ont garni leurs mâts et leurs vergues de lanternes vénitiennes et chinoises, et sillonnent le port de traînées de lumières. De puissantes projections électriques, lancées des forts et des escadres, éclairent de voies lactées les collines et la haute mer.

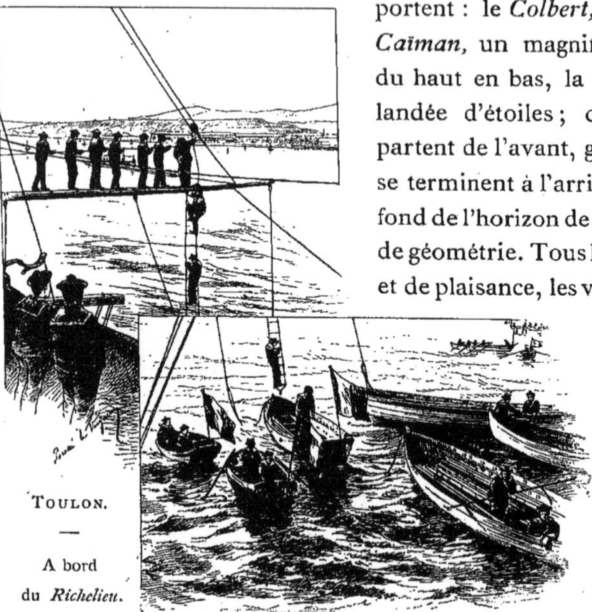

TOULON.

—

A bord
du *Richelieu.*

Photogr. de M. Otto fils.

La sortie des permissionnaires.

Le dimanche, c'est la fête populaire, celle qui, après les émotions de l'entrée triomphale de l'escadre et les enchantements de la nuit de l'arsenal et de la fête vénitienne, va donner aux hôtes de Toulon la sensation imprévue du Midi, dans l'épanouissement de la gaieté et de l'enthousiasme, grisé de soleil et de fleurs. Dès la pointe du jour ont dévalé, à pied vers la ville, les paysans du Faron, du Revest, du Coudon, d'Evenos, du Bausset, etc. D'Hyères à la Ciotat, la mer a apporté tous les pêcheurs de ses ports et de ses calanques, les châtelains de sa côte d'azur et les insulaires de ses îles dorées. Draguignan, Bri-

gnoles, La Roquebrussane, Collobrières, Cuers, Ollioules, Bandol,
Saint-Maximin, etc., sont descendus en bandes joyeuses par tous
les trains. La Cannebière émigre par eau et par terre; et Arles même
a envoyé ses plus jolies Arlèses. Pour nourrir et abreuver tout cela,
les hôtels, les brasseries, les cafés et les guinguettes ont transformé les
cours, les trottoirs et les carrefours
en tonnelles fleuries et en berceaux
de verdure. Chaque rue et chaque
ruelle, dans la haute et la basse ville,
est un torrent d'hommes qui rient,
chantent et crient. Tous les corsages
ont des bouquets de roses, des
nœuds de muguets, des brindilles
de mimosas; les brunes et piquantes
« mocottes » tiennent, entre leurs
lèvres rouges, des fleurs de cassis;
le soleil est chaud : les Russes auront une belle journée.

La municipalité a organisé un
grand banquet-déjeuner dans la
cour du lycée, transformée en salle
de festin. Dès onze heures et
demie, ses huit cents invités l'emplissent. L'exubérance de la foule,
le bruit qui noie la ville, ont déjà

Salut à la belle Arlèse !
(Croquis de Mars.)

enivré toutes les têtes. La joie luit dans tous les yeux; toutes les lèvres
ont des sourires. Les personnages les plus graves et les fonctionnaires
les plus gourmés sont gais et pétulants. La physionomie du banquet
lui-même, par son installation ingénieuse, ne ressemble en rien à
la solennité d'une cérémonie officielle. Le soleil filtre abondamment à
travers la toile blanche, étoilée d'azur, tendue entre les platanes ; fait
danser, sur les nappes, les ombres mobiles des feuilles dorées. La
fraîche décoration des murs, aux claires tentures, a mis partout des
trophées et des guirlandes de feuillage et de fleurs ; et chaque couvert
contient un bouquet. Aussi, quand, à onze heures, l'amiral Avellan,
conduit par le maire de Toulon et escorté des officiers russes et

des officiers généraux français, fait son entrée, ce n'est pas par des applaudissements que les convives l'accueillent, mais par des acclamations frénétiques, qui couvrent la *Marseillaise* et l'Hymne russe exécutés par les musiques militaires. A la table d'honneur prennent place le maire, ayant à sa droite l'amiral Avellan et l'amiral Vignes ; à sa gauche, le commandant de l'*Empereur Nicolas I*er et l'amiral de Boissoudy ; puis viennent l'évêque de Fréjus, le commandant du 15e corps, le recteur de l'Académie d'Aix, M. Le Royer, ancien président du Sénat ; M. Drageon, vice-consul de Russie ; les sénateurs et députés du Var, etc. Cent trente coupes sont disposées dans leurs écrins, sur une table, au milieu de la salle du banquet ; elles sont destinées à être offertes en souvenir aux officiers russes. Par une attention délicate, le menu donne presque exclusivement des dénominations russes aux mets variés qui le composent : des saumons sauce moscovite, des filets Gortschakof, des pains de volaille Demidof, des bombes Skobelef, etc. Les discours et les toasts ont une cordialité expansive, une chaleur de sentiment

A TOULON.

Mme Juliette Adam au balcon de la Trésorerie générale
pendant la bataille de fleurs.

(Croquis de Mars.)

et une éloquence attendrie, qui donnent à chaque mot l'aile de la poésie, et aux déclarations d'amitié et d'union une énergie qui enlève toutes les âmes. « Je bois à votre santé, au bonheur et à la prospérité de la France entière, » a répondu l'amiral aux paroles du maire. Ses officiers lèvent leurs coupes en criant d'une voix énergique : Vive la France ! Tous les convives debout répliquent : Vive la Russie ! Des délégués des diverses tables vont prier les Russes de venir au milieu d'eux. C'est à qui cho-

Le *Rynda*, croiseur de première classe.

L'*Amiral Nackimof*, croiseur cuirassé.

(Épreuve obtenue par le photosphère de la Compagnie française photographique, à Paris.)

L'ESCADRE RUSSE A TOULON.

quera son verre contre leur coupe ; on leur serre la main ; on les embrasse avec effusion.

Image-souvenir.

Mais la rue envoie bientôt une rumeur d'acclamations joyeuses. La bataille des fleurs est ouverte ; on réclame l'amiral et les officiers. Le terrain de l'action, de plus d'un kilomètre de longueur, s'étend de la place Notre-Dame au Jardin de la Ville, sur le boulevard de Strasbourg. Une tribune d'honneur a été élevée pour l'escadre russe ; des voitures attendent à la porte du lycée pour y conduire les officiers ; mais l'amiral déclare gaiement qu'il entend s'y rendre à pied. Touchée de cette galanterie, la foule lui fait une promenade triomphale. De la tribune, le maire de Toulon donne le signal du « corso », en jetant un bouquet.

Photographie Carpin-Marius.

A TOULON. — Pendant la Fête des fleurs.

Le défilé des voitures commence. Un landau, fleuri, attelé de quatre superbes chevaux noirs, reçoit l'amiral, le maire de Toulon, le commissaire de la fête, l'amiral Vignes et l'amiral de Boissoudy. Les officiers russes montent en calèche avec des officiers français. Et les fleurs pleuvent de tous côtés, de la chaussée, des voitures, des fenêtres, des balcons et des toits. Les Russes sont le point de mire général. On les

A Toulon. — Le landau de l'amiral Avellan à la Fête des fleurs.

bombarde de bouquets, de gerbes, de spirales et de confettis; et c'est une joie délirante de voir l'amiral Avellan, le préfet maritime, les commandants des escadres françaises et russe, en grand uniforme de gala, se lancer dans la mêlée avec un entrain juvénile et riposter vigoureusement. Chaque poignée de confettis, chaque bouquet, est accompagné, de part et d'autre, par des cris de : Vive la France! vive la Russie! vivent les marins russes! vivent les femmes françaises! A défaut de fleurs, celles-ci envoient des baisers et on leur répond par des baisers. La Commission de la fête a organisé un concours de chars allégoriques et de voi-

tures décorées, avec vingt-cinq primes de 5o à 1,ooo francs. Quel cortège
de contes de fées ! Ce sont des paniers, des corbeilles, des gerbes, des par-
terres, qui marchent, trônes mouvants de princesses d'exquise beauté ; les
roues, les moyeux, les brancards, les marchepieds et les harnais disparaissent sous les guirlandes et les trophées de roses, de dahlias, de chry-
santhèmes, de muguets et de mimosas. Les chevaux sont caparaçonnés
de camélias et d'œillets. Les fouets ressemblent à des thyrses antiques ;
et les cochers, comme des damoiselles du Moyen Age, ont des chapels de
fleurs. Un mail-coach marseillais serait digne de servir de piédestal
à une statue de la déesse des Jardins. On applaudit le char de l'infanterie
de marine : un dôme de verdure, avec panoplies, écussons et drapeaux,
occupé par des officiers, des marsouins et des matelots russes ; le char de
l'artillerie de forteresse, en forme de bastion, où des mortiers fort sérieux
lancent des bouquets en guise de projectiles. Les sous-officiers de la
marine ont un colossal succès par leur canot aux rames enguirlandées,
que montent des marins russes et français et un groupe de fort jolies
filles qui jettent des roses. La direction des mouvements du port a
construit un char-bateau monumental, à la proue duquel deux belles
femmes personnifient la France et la Russie se tenant par la main ; on
fait une ovation à cette patriotique allégorie. Quand les officiers russes
se retirent, la foule tout entière les accompagne jusqu'au port de ses
cris joyeux. Et cette belle journée populaire est terminée par une nouvelle représentation de gala, offerte par la municipalité aux officiers et
aux matelots.

Photographie communiquée par le *Petit Parisien*.

TOULON. — Au cortège de la Fête des fleurs.

A Toulon. — Canot-major russe.

LES FÊTES DE PROVENCE

Vive la Russie ! Vive la France !
(Croquis de Mars.)

Suivant la coutume de la marine, dès l'arrivée de l'escadre russe, l'amiral de Boissoudy proposait à l'amiral Avellan « l'amatelotage » des vaisseaux russes et français ; l'amiral acceptait avec empressement la gracieuse proposition. L'*Empereur Nicolas I*er est amateloté au *Formidable*, au *Neptune*, au *Wattignies* et à l'*Audacieux* ; l'*Amiral Nackimof* au *Hoche*, au *Marceau*, au *Vautour* et à l'*Ouragan* ; le *Pamiat Azowa* à la *Dévastation*, à l'*Amiral Baudin*, au *Léger* et au *Tonnerre* ; le *Rynda* au *Tage*, au *Davout*, au *Levrier* et au *Coureur* ; le *Teretz*, à l'*Alger*, à la *Bombe*, au *Kabyle* et au *Faucon*. Les officiers russes visitent immédiatement leurs « matelots » français ; et ceux-ci font à ceux-là avec joie les honneurs de leurs bords. A partir de ce moment jusqu'au départ, ce ne sera plus, entre vaisseaux des deux nations, que banquets et réceptions d'une exquise cordialité, et dont l'ingéniosité et le goût des marins feront des fêtes merveilleuses.

Le 16 octobre, l'amiral de La Jaille offre, à bord du *Richelieu,* un grand dîner à l'état-major de l'escadre russe. Le pont arrière a été converti en une vaste tente, décorée très artistiquement. Les parois, à côté des trophées de drapeaux et de pavillons, ont des écussons au chiffre de chaque vaisseau français, avec leurs armes parlantes. Les canons sont

Photographie Otto fils.

A BORD DU « RICHELIEU ». — L'amiral de La Jaille recevant l'amiral Avellan.

enguirlandés de branches de mimosas. Sur le cailleboutis, — la plaque perforée qui masque l'orifice des ponts, — des roses blanches et rouges plantées dans les trous forment de galantes devises et des souhaits de bienvenue. Un tapis de mousse, émaillé de violettes, de muguets, de dahlias et de roses, couvre la table, dont les lampadaires et les surtouts sont composés avec des canons de fusils, des revolvers et des baïonnettes, entremêlés de fleurs. Au banquet, les amiraux de La Jaille, de Boissoudy et le commandant russe Lavrof portent au Tsar, à la Tsarine et aux marines française et russe, des toasts chaleureux.

Quelques jours après, c'est l'état-major du *Neptune* qui donne à dix

officiers de l'*Empereur Nicolas I*^{er} un dîner, suivi d'une réception dan-
sante et musicale, à laquelle sont conviés les officiers de terre et de mer, et
les fonctionnaires de la ville avec leurs familles. MM. Jean Aicard et Yann
Nibor y disent des vers; un chœur russe chante des hymnes; une troupe
dramatique joue des à-propos patriotiques, des fragments de vaude-
villes et de comédies. Au moment où les marins russes quittent le *Neptune,*

A BORD DU « NEPTUNE ». — M. Jean Aicard lisant une Ode à la Russie.
(Croquis de Mars.)

le commandant Courmes fait échelonner son équipage dans la mâture
et le long des bastingages; et des hourras prolongés de : Vive la Russie!
les accompagnent jusqu'à leurs vaisseaux.

Le 18, le *Formidable* organise un bal de jour. On a transformé
l'énorme cuirassé amiral en palais enchanté; les innombrables engins de
guerre qui l'encombrent sont adaptés avec une telle habileté aux dispositions d'aménagement et aux combinaisons de décoration qu'on
n'aurait pu le rêver plus pittoresque et plus confortable. Les tourelles,
bordées de balustrades, drapées de tentures, reliées entre elles par des
passerelles, et auxquelles on accède par un vaste escalier dressé contre le

5

monstrueux canon de 37 d'arrière, servent de galeries et de promenoirs. Les deux mille invités dansent sur le faux pont, dans la batterie, devenus de véritables salons, et sur le pont, recouvert d'une tente de quatre pavillons, où des cascades et des jets d'eau installés dans des massifs de verdure entretiennent une douce fraîcheur. Les cabestans sont des corbeilles de fleurs ; et les cordages, des guirlandes de verdure. D'une heure à sept, les danses se succèdent sans interruption. La nuit seule met fin au bal du *Formidable*.

Le 26, le commandant du *Terrible* reçoit à dîner vingt officiers du *Rynda*, et, au dessert, leur adresse ces amicales paroles : « Ne nous oubliez pas, frères ! Songez souvent à nous ! Notre pensée vous suivra par delà les mers avec la plus vive affection. »

Ce sont là les réceptions officielles, superbes, grandioses, émouvantes, dans le cadre imposant des vaisseaux gigantesques et de la rade immense, avec l'accompagnement tumultueux des exubérances de la foule enthousiaste, qui ne se lasse point de manifester avec véhémence ses sentiments ardents. Mais les officiers français veulent offrir à leurs « matelots » d'autres fêtes plus paisibles, si elles ne seront pas moins joyeuses ; des réunions toutes pleines de cette intimité charmante que l'amitié recherche et pendant lesquelles peuvent s'échanger les pensées, les confidences et les rêves. Où pourrait-on mieux, dans un cadre plus en harmonie avec les sentiments qui les inspirent, organiser ces fêtes ? Dans cette belle Provence de la Méditerranée, l'automne a la douceur et la grâce du printemps. Le soleil est ardent sans incendie, éclaire sans éblouir ; la rosée de la nuit met dans l'air une buée tiède et transparente qui en filtre les rayons. De fraîches odeurs montent de la terre ; les plantes et les fleurs ont des parfums délicats. Sur le bleu opale du ciel, les oliviers, les orangers et les pins profilent en lignes nettes et pures leurs branches vertes et leurs troncs vernissés. Les rochers des collines sont plus roses et l'azur de la mer semble avoir pour les yeux des caresses plus tendres dans ses frissons argentés.

Le 19, le *Richelieu* invite l'*Empereur Nicolas I*er à déjeuner dans les célèbres gorges d'Ollioules. En dehors des marins, Jean Aicard et le peintre Rudaux seront seuls de la fête : la poésie et l'art ont toujours droit de bienvenue partout, sous le ciel de Provence. Départ de Toulon

A TOULON. — L'amiral Avellan, le capitaine de vaisseau Maréchal, attaché à l'amiral pendant son séjour en France, et les officiers de l'*Empereur Nicolas I*^{er}.

A TOULON. — Les matelots de l'*Empereur Nicolas I*^{er}.

en neuf landaus. L'excursion a été soigneusement cachée. Il n'y aura de bruit que celui des éclats de rire, des vers et des chansons. Mais les officiers avaient compté sans le Midi. A chaque hameau, à chaque village, les habitants ont été prévenus par de mystérieux et indiscrets messagers. Ils accourent, les femmes et les jeunes filles, les mains et les bras pleins de violettes, de roses-thé, d'œillets et de mimosas; les hommes criant : Vivent les Russes ! vive le Tsar! Mais, tout cela est si gai, si aimable, si touchant, qu'on a bien vite fait d'en prendre joyeusement son parti, et même s'en laisse-t-on quelque peu attendrir. Après la visite de tous les sites pittoresques, qui enchantent les Russes, étonnés de voir, au milieu de ces rochers dénudés et sauvages, des massifs d'orangers, et d'y fleurer les parfums les plus frais; on s'attable sous les pins, au pied des ruines d'Evenos, dans les grès de Sainte-Anne, sous une tente décorée de drapeaux et de pavillons. Jean Aicard célèbre l'amiral Courbet; un autre poète toulonnais, la grâce et le dévouement des femmes des marins; et les commandants des deux vaisseaux portent des toasts, où la gaieté est loin d'exclure l'émotion. Passe un mendiant; on lui fait chanter des chansons provençales. Un enseigne russe se lève, et, de sa table, lance un bouquet à un camarade français de la table voisine ; une bataille de fleurs s'engage, bataille qui ne cessera que faute, non de combattants, mais de provisions. Des paysans sont allés prévenir le maire d'Ollioules de la présence des marins. Il accourt et prie qu'on fasse à la petite ville le grand honneur de s'y arrêter quelques instants; sur la réponse affirmative votée d'acclamation, il rentre en toute hâte et convoque par le tambour de ville ses administrés. Vignerons et fleuristes, ouvriers des mines de lignite, charrons, menuisiers, etc., accourent des champs, de l'atelier et de l'usine, le tablier aux reins, en cotte et en bonnet. Les femmes quittent leurs maisons tête nue et en taille. A l'entrée de la ville, le maire félicite les officiers et les invite à accepter des rafraîchissements. Des corbeilles de roses sont apportées dans les voitures. On commence une nouvelle bataille de fleurs, plus sérieuse que la première : tous les jardins ont été dévalisés. Le commandant en second de l'*Empereur Nicolas I*[er] s'écrie : « Nous voudrions vous embrasser tous et toutes. Cela n'est plus possible ! il est trop tard : la nuit descend; j'embrasse votre maire pour toute la population ! »; et il lui donne une chaleureuse accolade. Mais les jolies filles d'Ollioules n'admettent point cette procuration ; alors, c'est une embrassade générale, au milieu des

A TOULON. — Les officiers du *Rynda*.

A TOULON. — Groupe d'officiers et de visiteurs à bord d'un vaisseau russe.

cris joyeux et dans l'apothéose des flammes de Bengale qui s'allument de tous côtés.

Deux jours après, le *Colbert,* le *Hoche* et le *Marceau* font les honneurs à l'*Amiral Nackimof* d'une promenade à Bandol. Le Comité organisateur est bien résolu à lui conserver son caractère d'intimité ; on supprimera les uniformes ; l'itinéraire et le but seront tenus secrets. C'est la précaution inutile : Bandol a été prévenu subrepticement, et il s'apprête à recevoir avec magnificence ses hôtes, dont l'incognito ne lui chaut pas davantage qu'à Ollioules celui du *Richelieu* et de l'*Empereur Nicolas I*ᵉʳ. Les voitures se sont arrêtées à l'hôtel des Bains, situé à une assez grande distance de la ville. Avant le déjeuner, les officiers ont l'idée d'aller visiter son pittoresque petit port. Quelle fâcheuse indiscrétion ils commettaient là inconsciemment ! Le maire accourt, exprime sa désolation d'une façon touchante et prie les visiteurs trop hâtifs de vouloir bien remettre leur entrée officielle dans Bandol à deux heures de l'après-midi. Mais, avant cette retraite précipitée, ils voudront bien lui faire l'honneur de se rafraîchir. On a bien vite orné deux belles fillettes de rubans et de cocardes aux couleurs françaises et russes ; elles viennent offrir des fleurs. Le maire boit à la santé des marins russes, et le lieutenant de vaisseau Durand-Brager propose d'arroser joyeusement, avec le vin de l'hospitalité méridionale, la rosette du commandant russe Steinmann. On regagne ensuite l'hôtel des Bains. Après le déjeuner a lieu la réception officielle, réception aussi brillante que cordiale. Bandol s'est transformé magiquement. Partout, de l'hôtel de ville à la maison la plus pauvre de son faubourg, sont arborés des drapeaux, et tendues des guirlandes de fleurs et de verdure. La grande rue et le quai ont un tapis d'immortelles, la culture favorite du pays. Une musique joue l'Hymne russe. A l'entrée de la ville, les enfants des écoles, jeunes filles et jeunes garçons, conduits par leurs maîtres, présentent des bouquets et récitent des compliments. De toutes les fenêtres tombe une pluie de roses, de mimosas, d'immortelles et d'œillets. Sur le quai ont été dressées des tables pour le champagne. Quand les officiers descendent de voiture, les jeunes filles de Bandol, dont la beauté est célèbre en Provence, leur offrent le bras. Le maire tend la première coupe au commandant de l'*Amiral Nackimof,* et, saisissant la deuxième, dit qu'il boit de tout cœur à l'union indissoluble de la France et de la Russie. Une jeune fille enlève le nœud de rubans français qu'elle porte à son corsage et le place à l'épaule de l'officier. Une autre, qui a une cocarde aux couleurs russes, la met à l'épaule du commandant du *Colbert*. Le commandant Steinmann ne peut cacher son émotion; par trois fois, aux explosions de joie de la population, il embrasse la jeune fille et il lève son verre à la santé du « Président de la

A TOULON. — La rade pendant les fêtes franco-russes.

(Épreuve obtenue par le photosphère de la Compagnie française photographique, à Paris.)

grande nation, de la République française ». Après avoir vidé sa coupe, il déclare qu'il veut boire encore aux belles femmes de Provence et à la prospérité de ce délicieux pays. Alors les officiers russes crient : Vive le *Colbert!*; la population : Vive la Russie!; et le cortège remonte en voiture, escorté par tous les habitants; les visiteurs de Bandol emportant le plus vif souvenir d'une manifestation fort originale, que sa sponta-néité avait rendue touchante.

A Vidauban, au Lavandou, à Bormes, à Reynier, etc., des excursions d'officiers russes et français provoquent les mêmes gracieuses et exu-bérantes réceptions. A Hyères, dans la journée du 21, la visite de ceux du

Rynda et du *Davout,* amatelotés, met la ville en fête. La municipalité et ses habitants pavoisent les édifices publics et les maisons. Le mardi 24, Saint-Tropez fait la surprise à un groupe d'officiers des deux escadres d'une ovation enthousiaste, dans la ville décorée féeriquement. Les médecins de la marine française reçoivent les médecins de la marine russe et leur offrent un banquet à Tamaris. Un médecin d'Hyères invite une délégation de l'escadre à visiter le sanatorium de Giens et leur fait les honneurs d'un déjeuner, auquel sont invités tous les membres de la municipalité.

A BORD DU « HOCHE ».

—

Un coin du banquet des « mathurins ».

Si les officiers français fêtent les officiers russes avec une exquise cordialité et de princière façon, les simples marins ne traitent pas avec moins de bonne grâce et de gaieté ceux que le Protocole maritime leur a désignés comme compagnons. Et pendant que les chefs excursionnent joyeusement, les équipages organisent sur les vaisseaux mêmes des réceptions et des banquets, où les convives n'ayant pu aller à la montagne, la montagne est venue à eux avec ses fleurs et ses parfums.

Un jour, c'est le *Hoche,* sur lequel flotte le pavillon du contre-amiral Le Bourgeois, qui reçoit à son bord six cents marins français et russes. Les mathurins ont bien fait les choses pour leurs « matelots ». Toute la batterie, jusqu'à la plage avant, a été convertie en salle de festin ; le haut est décoré de fleurs et de feuillages. Les culasses des canons sont enguirlandées de mimosas. Des trophées de drapeaux et des panoplies d'armes couvrent toutes les parois. Les officiers du vaisseau, ayant à leur tête le capitaine de frégate Forestier, commandant en second, reçoivent les invités à la coupée. Quand tous les marins sont arrivés, le commandant Rouvier les fait ranger sur la plage arrière et leur souhaite la bienvenue ;

la musique du bord joue les hymnes nationaux. Chaque matelot français prend un matelot russe sous le bras, et l'on se rend à la salle du banquet. Le menu est copieux et de choix :

Hors-d'œuvre variés, gigot de mouton, purée soubise, volailles rôties avec garniture, pâtés froids en croûte, salade russe, gâteaux de Savoie, fromages assortis, desserts variés, vin rouge, liqueurs diverses et champagne.

On y fait honneur ; chaque bouchée est accompagnée de hourras ; les marins s'embrassent ; ils chantent en chœur la *Marseillaise* et l'Hymne russe. Au milieu du déjeuner, le commandant Rouvier s'avance sur le devant de la table d'honneur et porte ce toast :

Mes amis,

C'est avec une véritable joie que les matelots français reçoivent aujourd'hui leurs camarades et amis de l'escadre russe, et c'est pour le *Hoche* un bonheur tout particulier d'avoir été désigné pour organiser cette petite fête et de pouvoir s'y mêler d'une manière si intime.

Mes amis, fêtez vos hôtes, afin qu'ils conservent un bon souvenir de la journée qu'ils viennent de passer au milieu de vous.

Buvons à la santé des matelots russes !

Tous les marins se lèvent et crient : Vive la Russie ! Vive la France ! Le commandant passe ensuite dans les rangs, demande affectueusement si le repas est bon ; serre la main aux Russes, frappe sur l'épaule aux Français. On l'acclame. Au dessert, pendant que le champagne coule à flots, un roulement de tambours se fait entendre, suivi d'un rappel. Tout le monde se lève : l'amiral Le Bourgeois, accompagné de sa femme, de ses jeunes filles et de Mme Rouvier, fait son entrée dans la batterie et prend place à la table d'honneur. Il fait signe qu'il veut parler, et, au milieu d'un silence religieux, il dit aux marins :

Mes enfants,

Je suis heureux de venir passer un moment au milieu de vous.

Que les liens de camaraderie que vous venez de former ne se rompent jamais !

Que chaque matelot français ait toujours son matelot russe ! Que chaque matelot russe ait toujours son matelot français.

Tous les matelots s'embrassent et répondent : « Jusqu'à la mort. » Alors l'amiral lève son verre :

Je bois à la santé des matelots russes. Ils diront à leurs femmes, à leurs sœurs, que la femme de l'amiral et la femme du commandant du *Hoche* ont bu à leur santé. Crions tous ensemble du fond du cœur : Vive la Russie !

Il se passe alors une scène émouvante. Les Russes placés près de la table d'honneur se précipitent vers l'amiral, lui embrassent les mains, couvrent de baisers le bas des robes des femmes. Les marins des deux pays se jettent au cou, les uns les autres ; et tous, les larmes aux yeux, crient : Vive l'amiral ! Vive la France ! Vive la Russie ! Le déjeuner terminé, on monte sur le pont. Sur un théâtre improvisé est jouée une pantomime ; puis s'ouvre un bal de matelots. Au moment du départ, la musique exécute un entraînant pas redoublé ; les marins se forment en farandole, dont le capitaine Forestier prend la tête, et font trois fois le tour du pont. A un signal, les Russes enlèvent les officiers français et les portent en triomphe. Les matelots des bâtiments voisins grimpent dans les haubans et acclament les manifestants. Après avoir déposé avec respect le commandant Rouvier, les Russes lui déclarent qu'ils ont encore une requête à lui adresser : celle qu'il leur permette de l'embrasser. Le commandant, ému, sourit, et tous l'embrassent tour à tour.

Le lendemain, les sous-officiers du *Rynda* sont invités à déjeuner par leurs camarades du *Terrible*. A leur arrivée, le commandant Ferrat réunit les convives sur la plage arrière et leur adresse ses compliments affectueux. La salle du banquet a été installée sur le pont léger ; chaque bord est garni de canons de campagne, qu'ornent des trophées d'armes et des guirlandes de fleurs. Sur l'arrière, un cartouche porte les noms en russe du Tsar et de la Tsarine. L'enseigne de vaisseau Violette préside. Au dessert, le champagne versé, le commandant Ferrat, accompagné du capitaine de frégate Escribe et de l'officier de service Darcy, vient rendre visite aux hôtes du *Terrible*. Des coupes leur sont offertes. Le commandant porte un toast à la marine russe et déclare qu'il veut « qu'on sache bien que les cœurs français battent à l'unisson des cœurs russes et que, dans toutes les circonstances où peuvent se trouver des gens de mer, les marins du *Rynda* doivent compter sur ceux du *Terrible* ». Ces ardentes paroles provoquent une allégresse délirante. Les marins russes embrassent le commandant, le placent sur une chaise comme sur un pavois et l'élèvent en l'air douze fois. Le capitaine Escribe boit à la santé de l'amiral Avellan ; on le porte en triomphe ; et, après un toast du premier maître de mousqueterie du *Terrible,* le président du banquet propose de s'embrasser. Puis, un chœur de marins chante en russe la *Marseillaise* et l'Hymne national de Russie.

Ce même jour, l'état-major du *Marceau* fête les officiers et cent matelots de l'*Amiral Nackimof* par un banquet suivi d'un concert et d'un lunch. Le *Marceau* est un des vaisseaux français qui firent le voyage de Cronstadt et que visitèrent solennellement le Tsar et la famille impériale ; à la fin du banquet, le commandant Servan a rappelé ce fait mémorable dans un toast éloquent. S'adressant aux marins de l'*Amiral Nackimof,* il leur dit avec émotion :

En 1891, le *Marceau* est allé à Cronstadt : c'était la communion. En 1893, il est particulièrement heureux de vous retrouver à Toulon exacts au rendez-vous : c'est la confirmation.

Pendant notre séjour à Cronstadt, votre Empereur et votre Impératrice ont honoré ce bâtiment de leur visite et sont venus ici même à la place que j'occupe, devant le portrait du héros dont nous sommes fiers de porter le nom, parce qu'il est synonyme de fidélité à l'honneur et à la parole donnée ou reçue. Sur ce cuirassé, qui a porté à la fois le pavillon tricolore et votre pavillon impérial, vous êtes donc en même temps chez vous et chez nous, en territoire vraiment franco-russe.

En évoquant ce souvenir, je vous propose trois hourras pour le Tsar : Hourra ! hourra ! hourra ! et trois hourras pour la Tsarine : Hourra ! hourra ! hourra !

Et maintenant, levant mon verre rempli de vin de France, puisé dans cette « bratina » qui nous vient de Saint-Pétersbourg, je bois au croiseur impérial *Amiral Nackimof* et à ses glorieuses destinées.

Photographie Otto fils.

LE « MARCEAU ».

Le commandant en second de l'*Amiral Nackimof*, capitaine de frégate Steinmann, porte, avec trois hourras, la santé du *Marceau*. Puis la « bratina » circule de bouche en bouche, selon la coutume russe. Pendant le lunch, organisé dans la batterie et auquel ont pris part tous les invités du concert, le commandant du vaisseau, escorté du commandant en second de l'*Amiral Nackimof* et d'une délégation de l'équipage français, remettait aux marins russes une ancre en bronze argenté, surmontée d'une montre de bord, et leur adressait, d'une voix vibrante de patriotisme, ces paroles :

Sous-officiers et marins de l'*Amiral Nackimof*,

Au nom de l'équipage du *Marceau*, je vous offre ce souvenir. L'intention de vos camarades français est qu'il soit cloué immuablement dans la batterie de votre beau croiseur et lié à jamais à ses destinées.

Cette ancre symbolise les sentiments cloués dans nos cœurs; ce cadeau signifie que vous pouvez compter sur leur durée comme nous comptons sur votre amitié, tous les jours... à toute heure !

A ces mots, Mme Steinmann se jette dans les bras de Mme Servan et l'embrasse affectueusement. L'allocution, traduite séance tenante, provoque les hourras enthousiastes des marins russes. Une sauterie joyeuse, dont les femmes des officiers prennent l'initiative, termine cette journée, qui a donné une belle page à l'histoire du *Marceau*.

Le 24, les quartiers-maîtres du *Magenta* font à vingt camarades du même rang, délégués par le *Pamiat Azowa* et le *Rynda*, les honneurs de leur bord et de leur table; puis, c'est l'aviso-torpilleur le *Levrier* qui organise une fête intime à l'intention des marins de ce dernier vaisseau.

Un autre jour, sur le *Colbert*, cent cinquante sous-officiers et maîtres mariniers, français et russes, se réunissent amicalement en un déjeuner, suivi d'une matinée théâtrale. Les tables ont été installées dans la batterie entre les pièces de canon enrubannées et fleuries. Pendant le repas, un orchestre de tziganes se fait entendre. Au dessert, le commandant Le Do, capitaine de pavillon de l'amiral Prouhet, vient rendre une visite aux convives et trinquer avec eux :

Je bois, leur dit-il d'une voix sonore, aux officiers mariniers des flottes russe et française, à vous, maîtres, qui nous suppléez si bien dans notre tâche quotidienne, à vous qui, placés entre les officiers et les matelots, apportez force et cohésion à nos équipages.

A vous tous, aux flottes amies et à leur fraternelle union !

Le commandant Le Do est saisi par les Russes et porté en triomphe dans la batterie. Le lieutenant de vaisseau Neveu, qui préside, prononce un discours en l'honneur « du grand Empereur de Russie, de la gracieuse Impératrice, de la noble nation russe, de l'amiral Avellan », et boit ensuite aux officiers de l'escadre russe, « à nos hôtes, à nos amis d'aujourd'hui, à nos compagnons d'armes de demain ». Il subit le même sort que le commandant. La représentation, organisée avec le concours d'artistes toulonnais et du poète des matelots, Yann Nibor, dure jusqu'à la nuit.

Enfin, c'est le capitaine de vaisseau Cavalié, commandant le

A TOULON. — A bord du *Colbert :* La mèche de l'amitié.
(Croquis de Mars.)

5ᵉ dépôt des équipages de la flotte, qui offre à trois cent cinquante matelots russes et à huit cent cinquante matelots français une matinée dramatique et musicale dans la salle des jeux de la caserne, transformée en salle de spectacle.

Mais l'armée de terre jalouse l'armée de mer. Elle veut, elle aussi, recevoir les marins russes et fraterniser joyeusement avec eux. A la requête de ses soldats, le général commandant la place de Toulon a donné en bloc toutes les autorisations pour la constitution de comités chargés d'organiser des réceptions et des fêtes.

Dès le lendemain de l'arrivée de l'escadre russe, les sous-officiers du 111ᵉ de ligne invitaient les sous-officiers russes à un punch d'honneur. Une souscription avait été ouverte dans tous les régiments de France, pour donner à cette manifestation un caractère spécial d'adhésion du corps entier des sous-officiers. La municipalité s'était empressée de mettre à la disposition du 111ᵉ la salle du banquet du lycée. A sept heures et demie, les canots débarquent les marins, sous les ordres d'un lieutenant de vaisseau et d'un enseigne. Chaque sous-officier français prend sous le bras un sous-officier russe, échange avec lui sa coiffure et se met en rang sur huit hommes de front. La Commission d'organisation se place en tête avec les officiers de l'escadre, et le cortège défile, encadré par des détachements en armes et précédé par la musique du régiment. Tous les deux cents mètres, des magasiniers allument des flammes de Bengale; la foule acclame les militaires et les marins. A chaque pas, l'enthousiasme devient plus intense; à l'entrée du boulevard de Strasbourg, les sous-officiers français enlèvent sur leurs épaules les sous-officiers russes et les portent en triomphe. La musique militaire joue la *Marseillaise,* et tout le monde la chante en chœur. Les sept cents sous-officiers prennent place dans la salle, un Russe entre deux Français. A neuf heures, les clairons du 111ᵉ sonnent le « garde à vous ». La Commission de la fête fait son entrée, accompagnée des invités supérieurs : le général de Maillier, président, le général Voiron, le préfet du Var, le sous-préfet, M. Roncagliolo, adjoint au maire de Toulon, le capitaine de frégate Fortinan, commandant en second du *Pamiat Azowa*, six officiers russes et tous les chefs de service représentant les corps présents. On les accueille par les cris de : Vive la France! vive la Russie! Le général de Maillier, le verre en main, prononce un discours patriotique, dans lequel il montre toute la grandeur de cette réunion fraternelle de militaires et de marins, « où la communauté de sentiments déborde par le geste et par le regard, si la différence de langue ne permet pas à tous de l'exprimer », et il propose de boire « à la santé de Sa très gracieuse Majesté l'impératrice de Russie et de l'empereur Alexandre III, le père de son peuple et de ses soldats ». Le commandant Fortinan remercie de « tout son cœur les organisateurs de cette fête pour l'accueil fraternel qui est fait aux marins russes » et porte un toast « au Président de la République française et à sa grande armée ». La musique joue l'Hymne russe; tous les sous-officiers s'embrassent et chantent la *Marseillaise*. Alors des détonations éclatent, des flammes de bengale s'allument ; et, au fond de la salle, apparaît une apothéose qui représente un soldat de la ligne serrant la main à un marin russe, et contient l'inscription : « Cronstadt — Toulon — Honneur et Patrie. » Au retour, comme à l'arrivée, le cortège traverse la ville, musique en tête, aux cris de : Vive la Russie ! vive le Tsar ! Sur le carré du port,

Photographie Giletta, à Nice.

A TOULON. — Le quai de la Vieille-Darse pendant les fêtes franco-russes.

les Français se prennent par la main et dansent une ronde autour des Russes placés au centre, en compagnie de deux de leurs camarades, qui tiennent des drapeaux russes et français ; puis ils s'emparent des marins et organisent une gigantesque farandole, le long des quais de la vieille darse, pendant que la musique joue la *Marseillaise* et que la foule charmée pousse des hourras.

Quelques jours après, ce sont les simples soldats du même régiment qui organisent une fête à la caserne Gouvion-Saint-Cyr ; et, détail touchant, avec les seuls subsides fournis par les économies de chaque compagnie sur l'ordinaire. Dès la pointe du jour, ils décorent les bâtiments et la cour de drapeaux, d'écussons russes et français, et de guirlandes de verdure et de mimosas. On dresse en plein air, sous les platanes, dix tables de soixante couverts. Deux cent cinquante matelots ont été délégués par les vaisseaux russes. A onze heures, un détachement, accompagné par la musique militaire, s'en va chercher au quai les hôtes du régiment. Après les embrassades, un soldat se place entre deux marins, bras-dessus, bras-dessous, et le cortège gagne la caserne, musique en tête, clairons sonnant et tambours battant. Dans la cour, tous les hommes disponibles, en grande tenue, placés sur deux rangs, crient : Vive la Russie! Les clairons sonnent « la soupe » ; l'on se met à table, dans un ordre parfait, par compagnie et par section, chaque soldat ayant près de lui son matelot. Le menu est ainsi composé : Soupe au fromage, civet de lapin, rôti de veau aux pommes et salade russe. La joie et le vin du Var délient bien vite les langues. Matelots et soldats échangent leurs coiffures. Dès le premier service, ils portent des toasts à la Russie, à la France, au Tsar, à la Tsarine, à l'armée, à la marine, à l'amiral Avellan et au colonel Cardot, que tous les orateurs qualifient de « père du régiment ». Et ce sont, après chaque toast, des vivats dont la puissance couvrirait le bruit d'un coup de canon. Au dessert, le colonel Cardot, accompagné de tout le corps des officiers et de deux lieutenants de vaisseau russes, fait son entrée dans la caserne. Tous les convives se lèvent, en lançant un hourra gigantesque; et la musique joue les deux hymnes nationaux, accompagnée par les voix des matelots et des soldats. Le colonel saisit une coupe de champagne et adresse en russe aux marins une allocution, dans laquelle il leur dit que « le Tsar ayant confié ses enfants à la France, on les a fait asseoir au milieu des enfants de la France, et qu'il boit à la santé du Tsar et de la Tsarine ». Les matelots sont émus aux larmes de ces simples et patriotiques paroles, qui, traduites en français, ne provoquent pas une moins vive sensation parmi les soldats. Les officiers russes répondent en buvant à l'armée et au 111ᵉ de ligne. Mais les matelots veulent témoigner plus expressivement encore leur enthousiasme pour le colonel. Deux d'entre eux, des colosses, viennent le prier de leur permettre de le porter en triomphe. Le colonel quitte son sabre, et les Russes le hissent sur leurs épaules, aux acclamations de tous les convives. Les officiers

russes accourent, enlèvent le colonel des mains des matelots et...
le portent à leur tour. Déposé respectueusement à terre, le colonel
demande le silence et donne lecture d'un télégramme qu'il adresse au
111º régiment d'infanterie russe en garnison à Kowno :

Le 111º français à Toulon envoie un salut cordial au 111º russe à Kowno. Votre
Empereur a ordonné que les deux nations manifestent leur amitié. Nous lui obéis-
sons, nous buvons à sa santé avec vos matelots et nous répétons votre belle prière :
« Que Dieu garde votre pieux monarque fort et puissant pour votre gloire et pour la
terreur de vos ennemis », et, sur ce, nous brisons nos verres !

Colonel CARDOT.

Un lieutenant de vaisseau lui tend sa coupe; le colonel la vide d'un
trait et la jette violemment à terre, où elle se brise en mille morceaux.
L'enthousiasme devient du délire; et tous, soldats et matelots, agitant les
képis rouges et les bérets blancs, chantent la *Marseillaise*. Le banquet
est suivi d'un concert, que termine un bal improvisé.

A l'exemple des soldats du 111º régiment d'infanterie, les ouvriers
d'artillerie de terre ont organisé à l'Arsenal un banquet en l'honneur
des canonniers de l'escadre russe; et ils sont allés chercher leurs invités
au quai de l'Horloge, en deux prolonges d'artillerie, enguirlandées et
fleuries, traînées chacune par dix chevaux.

Enfin, le 24 octobre, après la pose de la première pierre du monument érigé en souvenir des morts de la Campagne de France, la Société
des anciens combattants de
1870-1871 et l'Association des
anciens sous-officiers et capo-
raux de terre et de mer réunis-
saient dans un dîner cinquante
sous-officiers russes, aux Sa-
blettes, dans le hall de l'hôtel-
casino.

De leur côté, les munici-
palités et les associations corporatives s'empressaient, avec une
émulation patriotique, de fêter

Photog. Chalot-Camus.

A TOULON. — La gare pavoisée.

les marins. Chaque jour, les commandants des escadres françaises et russe
reçoivent des villes et des villages, voisins de Toulon, des requêtes instantes

pour qu'on leur fasse l'honneur de détacher des équipages quelques officiers et matelots, auxquels les habitants désirent offrir des lunchs, des bals et des banquets.

Hyères prend l'initiative d'une réception solennelle de cinq cent cinquante officiers mariniers et matelots, appartenant à tous les vaisseaux russes et français. Le 19, un train spécial amène dans la ville cette troupe joyeuse, que commandent — paternellement — trois officiers français, le capitaine de vaisseau Cavalié, commandant le 5ᵉ dépôt des équipages de la flotte, le lieutenant de vaisseau Morvan et M. Dubès, adjudant principal de la division. Hyères s'est décoré et pavoisé avec une telle profusion d'arcs de triomphe, de tentures, de drapeaux, d'oriflammes, de pavillons, de serpentins, de guirlandes de verdure et de fleurs, que ses rues et ses boulevards ressemblent à des chemins couverts et que les façades des monuments et des maisons ont disparu. La municipalité part de la mairie en cortège pour aller recevoir ses hôtes à la gare. Le bataillon scolaire, dont les petits soldats portent en sautoir sur leur uniforme gris une écharpe russe, sac au dos et le fusil surmonté d'un guidon à la croix de Saint-André, ouvre la marche, suivi d'une musique. Viennent ensuite vingt officiers mariniers et trente-quatre quartiers-maîtres de l'*Algésiras*, le maire et le conseil municipal, des officiers de douane et des officiers territoriaux. Les habitants d'Hyères font escorte, les femmes portant des bouquets et des gerbes de fleurs; les hommes et les enfants, des drapeaux. Le maire souhaite la bienvenue aux marins; il embrasse les deux plus vieux sous-officiers de l'escadre russe, et le cortège se met en route, civils et marins, bras dessus, bras dessous, tous ayant échangé leurs coiffures. Alors pleuvent des fenêtres, des balcons et de la foule, les roses, les œillets, les mimosas, les violettes, les spirales multicolores et les confettis. Sur la grande place, près d'un arc de triomphe, les jeunes filles de l'école communale, vêtues de blanc, avec des ceintures aux couleurs franco-russes, distribuent des bouquets. Avenue des Palmiers, d'immenses tables ont été dressées; la municipalité verse là un vin d'honneur, et l'on boit à la ville d'Hyères, à la France et à la Russie. Enhardies par l'enthousiasme, les belles filles du pays offrent leurs bras aux marins. Le banquet des matelots a lieu dans le jardin de l'hôtel Chateaubriand, transformé en une immense tente par une escouade de l'*Algésiras,* face à la rade bleue d'Hyères et à ses îles enchantées. Les officiers mariniers déjeunent dans la salle à manger, et la table d'honneur est dressée dans le hall, orné de palmiers et de bambous. Au dessert, le maire de la ville, suivi du capitaine de vaisseau Cavalier, se rend dans chaque salle de banquet, et, après avoir porté le toast officiel au Tsar et à la Tsarine, célèbre l'union fraternelle de la marine russe et de la marine française. Les matelots lui font une ovation,

et quelques-uns dans leur enthousiasme l'élèvent sur leurs bras et le portent en triomphe autour du jardin. Un quartier-maître français a la délicate pensée de proposer une quête pour les victimes de la *Roussalka*, le vaisseau russe perdu récemment dans la mer du Nord. On l'acclame ; des sous-officiers russes l'embrassent ; et dans son bonnet tombent drus comme grêle les gros sous et les pièces blanches ; en dix minutes, il a recueilli cent soixante-quinze francs. Le banquet terminé, les marins russes et français, de nouveau bras dessus, bras dessous, et chantant la *Marseillaise,* se dirigent vers la place de la République, où la municipalité a organisé un grand bal populaire en plein vent. Matelots, sous-officiers, civils, paysannes,

Photog. Bougault.

A HYÈRES. — Arrivée des officiers mariniers à l'hôtel Chateaubriand.

filles du peuple et bourgeoises, entrent en danse joyeusement, et, pendant deux heures, ce sont des valses, des sarabandes et des farandoles effrénées. Quand le sifflet aigu des quartiers-maîtres donne le signal de la retraite, une exclamation de surprise et de regret sort de toutes les poitrines. Alors, les groupes se réunissent en un immense cortège. Sur le quai de la gare, six fillettes vêtues de costumes russes et français présentent aux officiers mariniers une ancre colossale en fleurs naturelles enrubannée aux couleurs des deux nations. Les officiers embrassent les jeunes filles, s'emparent du maire, du sous-préfet de Toulon et du conseiller

général d'Hyères qui a pris l'initiative de cette touchante manifestation, les hissent sur leurs épaules et les portent en triomphe. Les
marins russes embrassent les drapeaux, se précipitent au cou des marins
français et baisent les mains des femmes. Le train siffle, mais personne
ne monte en wagon, et il faut toute l'autorité des chefs pour mettre fin à
ces scènes d'attendrissement et d'émotion. A la gare de la Crau, le train
fait une halte. Le conseil municipal remet aux marins deux bouquets et
une colossale couronne de fleurs; à la Garde, toute la population est
rangée le long des barrières, sur les quais,
et acclame les excursionnistes aux cris de :
Vive la Russie! A Toulon, dix mille personnes et une délégation de sous-officiers
français, ayant à sa tête la musique des
équipages de la flotte, les escortent jusqu'à
l'Arsenal, en chantant.

A TOULON. — Retour du train d'Hyères.
(Photographie communiquée par le *Petit Parisien*.)

La Garde, Pignans, Soliès-Pont, So-
liès-Toucas, Six-Fours Lavalette, Bour-
mes, etc., organisent des fêtes du même
genre, plus ou moins luxueuses, suivant la
richesse des communes, mais où l'enthousiasme est toujours aussi vibrant. Ce sont
partout des banquets, des bals, des « cor-
sos », des cortèges, auxquels toute la population prend part, les jeunes
filles et les enfants jetant des fleurs. Un jour, les ouvriers des Forges et
Chantiers de la Seyne décident d'inviter à un vin d'honneur les marins
russes. Ils nomment aussitôt une délégation qui, accompagnée du maire,
se rend à bord de l'*Amiral Nackimof*, pour présenter au commandant
Lavrof la requête qu'un groupe de marins de chaque vaisseau soit autorisé à se rendre à la Seyne le dimanche 22 octobre. L'autorisation est
gracieusement accordée. La délégation obtient ensuite du commandant
du *Formidable* la participation d'un certain nombre de marins français ;
du général commandant la place, l'envoi d'un détachement de soldats de
toutes armes et le concours de la musique du 111e de ligne. Alors,
la municipalité fait annoncer que cette réception doit être pour la ville
une grande fête. Mais, comme elle tient à lui conserver son caractère spécial de manifestation des ouvriers de la Seyne, la présidence

Photographie Carpin-Marius.

A TOULON. — Officiers et invités à bord de l'*Amiral Nackimot*.

Photographie Pirou, rue Royale.

A TOULON. — Officiers du *Teretz*.

d'honneur en est offerte au directeur des constructions navales de Toulon et au directeur des Forges et Chantiers. On affrète un vapeur, et, le dimanche matin, le conseil municipal et le comité ouvrier se rendent à bord des vaisseaux russes et du *Formidable,* et sur le quai de la vieille darse, pour prendre les délégations de marins, de soldats et la musique militaire. A onze heures et demie, le vapeur arrive dans le port de la Seyne; il est accueilli aux cris de : Vive la Russie! Les marins français et russes et les soldats lancent leurs bérets et leurs képis en l'air, envoient des baisers à la foule et répondent : Vive la France! Quand ils débarquent, on leur fait une ovation. Les Russes sont ama-telotés, chacun à un marin français et à un soldat. Bras dessus, bras dessous, musique militaire en tête, municipalité et comité ouvrier les précédant, ils forment un cortège que suit toute la population. Le cortège parcourt la ville pavoisée et enguirlandée, donne une aubade à Mme Jau-réguiberry, la veuve de l'illustre amiral, à la direction des Forges et Chantiers, au maire; et se rend à l'école municipale, où le vin d'hon-neur a été préparé. Dans la cour, d'immenses tables sont couvertes de coupes et de bouteilles de champagne. Marins, soldats, ouvriers, ingé-nieurs, maire et conseillers municipaux y prennent place, démocratique-ment mêlés. Un ouvrier des Forges et Chantiers dit en termes émus toute la joie de ses camarades de recevoir les marins et les soldats. M. Jean Aicard a été reconnu dans la foule; on le porte sur une table et on lui demande de parler. Le poète provençal, dans une improvisation cha-leureuse, proclame la beauté du spectacle donné en ce moment par la France : deux peuples fraternisant dans la joie, dans la confiance et dans l'amitié. Un matelot de l'*Empereur Nicolas Ier* lève son verre dans un geste superbe, et prononce en russe un discours, d'une voix si vibrante, si expressive, avec tant de feu dans le regard, qu'on en sent et applaudit toute l'ardente éloquence.

Le soir, la municipalité offre au théâtre un banquet de trois cents couverts. L'organisation en est pittoresque. On a placé les tables à l'or-chestre et au parterre. Les loges et les galeries sont occupées par les dames et par les jeunes filles. La soirée leur donnera le spectacle le plus attrayant par les fantaisies délicates, dont le comité a eu l'inspiration. M. Le Royer, ancien président du Sénat, préside. Il a à sa droite le commandant russe Stephanof, le lieutenant de vaisseau russe Schwanck, le commandant Bienaimé, chef d'état-major de l'amiral Vignes ; MM. Berrier-Fontaine, directeur des constructions navales ; Laganne, directeur des Forges et Chantiers ; Roncagliolo, adjoint au maire de Toulon ; à sa gauche, le lieutenant-colonel du 111ᵉ. A peine a-t-on commencé le repas, et les souhaits de bienvenue sont-ils adressés par le maire, qu'il se produit un incident qui charme tout le monde, convives et spectatrices. Deux fillettes, l'une habillée en Russe et portant un drapeau français, l'autre en costume français, un drapeau russe à la main, s'avancent vers la table d'honneur. Arrivées devant le président, elles s'embrassent. Les officiers russes prennent les deux enfants et les couvrent de baisers. Peu après, dans les coulisses, un chœur de voix enfantines s'élève : c'est l'Hymne russe chanté en français par les élèves de l'école communale de filles. Toute la salle, de l'orchestre aux loges et au paradis, est debout, silencieuse. Au dernier vers : « Dieu garde l'Empereur », un seul cri de : Vive la Russie ! sort de toutes les poitrines. Les marins russes ne peuvent contenir leur émotion ; sur les visages tannés par le hâle coulent des larmes. Un

Image-souvenir.

officier demande la *Marseillaise ;* tout le monde en chante le refrain. Des jeunes filles viennent ensuite, avec d'immenses corbeilles pleines de muguets et de violettes, faire le tour des tables et distribuer un bouquet à chaque convive. D'autres portent des gerbes de roses, d'œillets et de mimosas, à la table d'honneur, et en fleurissent les invités. Au dessert sont prononcés des discours éloquents et enthousiastes par le président du banquet, par M. Jean Aicard, par le commandant Stéphanof, en russe par un commandant d'infanterie de marine en retraite, M. Buisson, qui boit à la santé de l'impératrice de Russie et aux femmes de la marine russe, par le lieutenant de vaisseau Schwanck aux dames de France, par un journaliste parisien, M. Ardouin Dumazet, par le commandant Bienaimé et par un ingénieur, M. Janet. Les invités du banquet quittent le théâtre pour assister à un concert donné sur le quai, en face de l'hôtel de ville. Le commandant Stéphanof a noué au bras de la fillette représentant la France un ruban de bord de l'*Amiral Nackimof,* et lui donne le bras ; M. Le Royer a pris celui de la petite Russe. Le cortège gagne le port, escorté par dix mille personnes ; et ce n'est qu'à minuit que les marins russes et français quittent la Seyne, après les adieux de la population.

Avant de quitter Toulon, les officiers russes rendront galamment à leurs « matelots » français ces réceptions et ces fêtes. Le 26, l'*Empereur Nicolas I*[er] donne un somptueux déjeuner au *Formidable,* au *Neptune,* au *Wattignies* et à l'*Audacieux.* Le même jour, l'*Amiral Nackimof* organise en l'honneur du *Hoche,* du *Marceau,* du *Vautour* et de l'*Ouragan,* un grand bal suivi d'un concert fort original, pendant lequel des chœurs de marins du bord chantent les plus célèbres des mélodies populaires slaves. Et, la veille de l'appareillage, dans l'après-midi, les officiers de l'escadre reçoivent à bord du *Rynda* et du *Pamiat Aʒowa,* en un grand bal, les officiers français. Les deux croiseurs, pour la circonstance, avaient été amarrés aux appontements de Castigneau et accouplés ; un pont volant, couvert, les relie. Le *Rynda* sert spécialement de promenoir et de buffet ; on danse sur le *Pamiat Aʒowa.* La décoration des deux vaisseaux est une merveille de goût. Partout, il y a à profusion, et disposés avec beaucoup d'art, des trophées de drapeaux, des draperies de velours et de soie, des massifs de plantes, des guirlandes de verdure et des corbeilles de fleurs. Les inscriptions de bienvenue et d'amitié, les noms des vaisseaux français, sont dessinés avec des roses, des œillets, des violettes et des camélias. On a enrubanné et fleuri tous les canons. Au pied des échelles conduisant à bord, deux marins, fusil au bras, des colosses superbes, rendent les honneurs militaires. Toutes les dames sont reçues par des officiers qui leur remettent des rubans de bord ; les enseignes fixent eux-mêmes ces rubans sur l'épaule gauche des jeunes filles et en nouent à la taille les deux bouts terminés par une ancre d'or. Le commandant du *Pamiat Azowa* leur distribue des médailles commémoratives de la fête, en vieil argent, qui portent sur la face les noms des vaisseaux russes, avec une inscription : « Souvenir de l'escadre russe à la France », et, au revers, un portrait de la Tsarine. L'amiral Avellan, son état-major et les commandants font les honneurs du bal. Par une courtoise attention, les marins ont mis sur leur chemise de laine la broche en argent, aux armes de la ville de Paris, qui a été offerte à tous les équipages par le conseil municipal. Les invités

A TOULON. — A bord du *Richelieu*.

(Croquis de Mars.)

sont au nombre de plus de deux mille. Au coucher du soleil, une cérémonie émouvante interrompt les danses. Suivant la coutume des marines, on amène les couleurs. Vingt hommes de garde ayant à leur tête un aspirant rendent les honneurs militaires. La musique joue l'Hymne russe ; les clairons sonnent et les tambours battent aux champs. Tous les marins et les officiers se sont rangés à l'avant, tête nue. Le pope dit la prière du soir. Dès qu'elle est terminée, les clairons sonnent de nouveau, et au roulement des tambours, les marins se couvrent et rompent les rangs. Le bal recommence et dure jusqu'à huit heures.

Dès le crépuscule, les deux vaisseaux s'étaient embrasés. Dans les

8

salles de danse, dans les salons de repos, au buffet, les massifs de verdure, les corbeilles et les trophées de fleurs s'illuminaient, comme par
enchantement, de lampes électriques aux verres en forme de pétales et
de corolles. Sur l'avant du *Rynda* apparaissait un immense tableau mon-
trant en lignes de feux de couleurs les drapeaux des deux nations enlacés ;
et au pied du grand mât coulaient une cascade et une fontaine lumineuses
aux couleurs françaises.

A TOULON.
« Da zdravstvouiet Rossiïa » !
(Croquis de Mars.)

A Paris. — Le boulevard Diderot à l'arrivée des officiers russes.

A PARIS

L'ARRIVÉE DE LA DÉLÉGATION DE L'ESCADRE RUSSE.

Broche-souvenir.

CONFORMÉMENT au programme officiel, le lundi 16 octobre, l'amiral
Avellan partait de Toulon pour Paris,
accompagné de ses deux aides de camp, de
l'officier supérieur de la navigation et de
quarante-deux officiers, capitaines de frégate, lieutenants de vaisseau, officiers de
navigation, enseignes de vaisseau, ingé-
nieurs-mécaniciens et médecins. Sur tout
le parcours, il était fait à la délégation de
l'escadre russe des ovations enthousiastes
par les municipalités et les populations des
grandes et petites villes que longe la ligne de
Paris-Lyon-Méditerranée. A Paris, le
mardi, dès l'aurore, les grands boulevards, par où doit défiler le cor-

tège, présentent une fiévreuse animation. Les façades des maisons se pavoisent de drapeaux français et russes; la décoration des rues au moyen de mâts fleuris et de cordages à pavillons s'achève. Des industriels ingénieux adossent aux arbres, aux becs de gaz, aux kiosques et aux pans de murs, des tables, des bancs et des échafauds, qu'ils loueront aux curieux. Les voitures à bras, les chars à bancs, les tapissières et les vieux fiacres semblent avoir été réquisitionnés dans toute la ville et dans la banlieue, pour former le long des trottoirs une estrade continue. Les camelots crient à tue-tête les décorations franco-russes, les cocardes nationales, les bouquets de myosotis, les brassards tricolores à l'écusson impérial, les boutonnières aux armes de Russie, les trombinoscopes marins, les porte-cigarettes emblématiques, les jouets de l'Alliance, la question de la Triplice, les programmes de la fête, les chansons patriotiques, les petits drapeaux et les plumets tricolores, qu'on peut mettre au corsage ou arborer au chapeau.

A LA GARE DE LYON (9 h. 50). — Tête du cortège.
(D'après photographie instantanée Mackenstein.)

De la place de la Concorde à la gare de Lyon, la foule rappelle déjà celle des jours de fête. A neuf heures, une cohue impénétrable encombre le trottoir et la chaussée; bientôt les voitures et les piétons ne circuleront plus, et toutes les maisons à leurs façades montreront des grappes humaines, bruyantes et joyeuses.

L'arrivée a été fixée à neuf heures dix. A ce moment, la gare s'emplit d'un mascaret d'impétueuses rumeurs. Depuis Charenton, les ouvriers et les employés de la compagnie se sont groupés sur la voie; et les habitants de tous les quartiers de ce point de Paris garnissent les barrières et les talus d'où l'on peut voir passer les Russes; le train semble emporter avec lui leurs cris et leurs applaudissements. Le haut personnel de l'administration du chemin de fer, les représentants du gouvernement et du Conseil municipal, les délégués du Cercle militaire, ont été seuls admis sur le quai. MM. Caillaux, président du conseil d'administration; de

Nervo, administrateur; Regnoul et Berquet, inspecteurs, reçoivent le commandant de l'escadre russe; MM. Mollard, chef adjoint du Protocole; Lépine, préfet de police; de Giers, le commandant Maréchal et le

capitaine Voiellaud le conduisent vers le salon d'honneur décoré de tentures vertes frangées d'or, d'écussons, de verdures et de fleurs. Là, MM. Revoil, chef, et de Gavarry, chef-adjoint du cabinet du ministre des Affaires étrangères, en grand uniforme, saluent l'amiral Avellan au nom de M. Develle. L'amiral Gervais lui donne l'accolade, ainsi qu'aux

A LA GARE DE LYON (9 h. 52). — Le landau de l'amiral.
(D'après photographie instantanée Mackenstein.)

officiers de l'escadre qu'il connaît; le capitaine de vaisseau Michel, le capitaine Serpette, les lieutenants de vaisseau de Manés et Vedel présentent les hommages du ministre de la Marine, et M. Humbert, président du Conseil municipal, souhaite la bienvenue aux officiers de l'escadre russe, au nom de la Ville de Paris :

A LA GARE DE LYON (9 h. 55). — Les voitures
des officiers russes.

(D'après photographie instantanée Mackenstein.)

Je vous ai dit à Toulon que vous seriez très bien accueillis à Paris; il y a ici deux millions de Français qui vous attendent pour attester par leurs acclamations l'amitié et l'union indissolubles de ces deux patries : Russie et France.

L'amiral Avellan remercie affectueusement, et après quelques paroles de MM. Poubelle, préfet de la Seine, et Raoul Canivet, président du Comité de la Presse, la musique du 4ᵉ régiment de ligne joue l'Hymne russe, et Mlle Regnoul présente, au nom de la Compagnie de Paris-Lyon-Méditerranée, une corbeille de fleurs.

Les officiers et les personnages officiels montent dans les landaus escortés par un escadron de la Garde républicaine. Quand la première voiture, où se trouvent l'amiral, le président du Conseil municipal, le général Chanoine et le préfet de la Seine, paraît, les cent mille Parisiens groupés dans la rue de Lyon et sur le boulevard Diderot poussent un cri unanime de : Vive la Russie ! A partir de ce point jusqu'au Cercle militaire, ce cri ne s'éteindra plus, toujours plus vibrant, toujours plus intense, à mesure que le cortège pénétrera profondément au centre de Paris. Les voitures vont au pas ; les cavaliers sont impuissants à maintenir la haie. On s'approche des officiers ; on leur serre la main ; les femmes leur jet-

A PARIS.
Arc de triomphe de la rue de Lyon.

tent des fleurs, leur envoient des baisers ; des mères, sans souci du danger, tendent à l'amiral des enfants pour qu'il les embrasse. Les officiers agitent en l'air leurs casquettes blanches, et répondent d'une voix retentissante : Vive la France! vive Paris! Les hourras, les applaudissements partent de partout, des arbres, des balcons et des mansardes, des murs de Mazas, des toits des magasins, des faîtes des chantiers de bois et même des cheminées d'usines. Au milieu de la rue de Lyon a été dressé un arc de triomphe, qui figure une porte du Kremlin et au sommet duquel on lit l'inscription russe : « Machim drouziam (à nos amis) ». Les ouvriers l'ont envahi, en garnissent les montants, les corniches et la plate-forme, lui donnant ainsi une ornementation vivante, superbe. Place de la Bastille, c'est une mer humaine d'ouvriers et d'ouvrières, en costume de travail, accourus du faubourg Saint-Antoine, de Popincourt, de Charonne et de Reuilly. A perte de vue, les avenues, qui débouchent là, montrent des têtes, au-dessus desquelles s'agitent des chapeaux, des mouchoirs, des ombrelles et des drapeaux. Et cette foule n'a rien de la foule de la rue. Les sensations qu'elle exprime avec tant

Le cortège dans la rue de Lyon.
(D'après photographie instantanée Mackenstein.)

d'élan ne sont point celles d'une admiration surexcitée d'artistes ou d'une griserie effervescente de curieux. Tous ces cœurs d'hommes et de femmes ont le frisson des enthousiasmes patriotiques ; sur toutes ces têtes, jeunes et vieilles, a passé le souffle des grandes journées historiques, où il s'accomplit des événements qui émeuvent le monde. Ces milliers de Parisiens et de Français sont accourus là pour être eux-mêmes, aux hôtes de Paris, un spectacle magnifique, grandiose, inouï : celui d'un peuple en acclamant un autre, dans l'affirmation éclatante de la solidarité de leurs sentiments et de leurs espérances. Et il y a sur tous ces visages un tel épanouissement de joie radieuse ; dans les gestes et sur les lèvres tant d'exubérance, parce que depuis trop longtemps ces espérances et ces sentiments avaient dû être contenus, et que, ce jour-là, on peut les manifester avec sincérité et publiquement.

Le cortège fait halte au pied de la Colonne de Juillet; la foule entonne la *Marseillaise* et l'Hymne russe. Les officiers se lèvent, tête nue, dans leurs landaus. A l'entrée du faubourg Saint-Antoine, un arc de triomphe montre l'inscription éloquente : « Tout pour la paix, fors l'honneur ». Quand, boulevard de Beaumarchais, le cortège reprend sa marche et accentue son allure, les manifestants se groupent derrière en chantant, et le suivent jusque sur la place de la République. En face du Cirque d'Hiver, il y a de nouveau une foule si compacte que les voitures doivent ralentir le pas. Tous les ateliers du Marais, des rues Oberkampf et Amelot, du boulevard Richard-Lenoir, etc., ont déversé là des milliers d'ouvriers qui poussent des hourras. Les officiers déjà ne peuvent plus répondre, et, d'un geste de dépit, montrent leur gorge enrouée; ils n'en agitent qu'avec plus de vigueur leurs casquettes, et remplacent galamment les acclamations par des baisers. Comme il le rappelait non sans malice à la Gare, le président du Conseil municipal avait bien dit à nos hôtes, à Toulon, que Paris leur réservait un bon accueil; ils s'attendaient à une manifestation chaleureuse, mais aucun certainement n'avait rêvé cette entrée triomphale. Leur stupéfaction, à tous, est l'immensité de la foule, toujours joyeuse, enthousiaste, frémissante, et qui s'accroît constamment. Sur la place de la République, ils n'en peuvent croire leurs yeux. Toutes les fenêtres des maisons et les toits sont garnis de spectateurs. La statue

Se préparant à voir passer le cortège.

de la République n'est plus qu'un monument vivant, dont la configuration fantastique et la multiplicité des têtes, des bras et des jambes, laissent bien loin les plus audacieuses conceptions des Piranèse et des imagiers hindous. Les spectateurs se sont munis de drapeaux français et russes et les brandissent : c'est une forêt pavoisée qui marche.

Là aussi les landaus doivent faire une station; les officiers en profitent pour se mettre debout et adresser aux Parisiens des saluts. L'orchestre du théâtre de la Porte-Saint-Martin installé dans la véranda joue l'Hymne russe et la *Marseillaise,* qu'accompagnent les milliers d'hommes, de femmes et d'enfants hissés dans les arbres et juchés sur les hauts parapets du boulevard. Des plates-formes des portes Saint-Denis et Saint-Martin, il tombe, ainsi que des balcons, des avalanches de bouquets et de gerbes de fleurs. Quand, au coup de la demie de dix heures, sur le terre-plein du Gymnase, luit au soleil le casque du premier

Les voilà ! les voilà !

cavalier de la Garde de Paris, un immense cri de : Les voilà! les voilà! sort de la foule, qui bat des mains. Les Russes s'abandonnent à l'émotion qui les étreint. Leurs visages souriants sont pâles, et ils agitent leurs casquettes blanches et leurs mains avec des gestes d'affectueuse reconnaissance. Le Comité d'industriels et de commerçants, présidé par M. Marguery, qui a pris l'initiative de la décoration des grands boulevards, groupé sur ce point, remet à l'amiral Avellan une adresse avec un bouquet.

Boulevards Montmartre et des Italiens, les gardiens de la paix sont débordés. On prend les voitures d'assaut. Des centaines de mains se tendent vers les officiers, qui répondent avec attendrissement à ces cordiales démonstrations. De jeunes et jolies femmes demandent à les embrasser; et, au moindre arrêt, ils distribuent, à droite et à gauche, les plus galantes accolades. Des incidents sensationnels se produisent à toute minute. Dans la foule qui se presse sur la chaussée, autour des voitures, il y a des soldats; les officiers russes les saluent et crient : Vive l'armée française! Devant Frascati, un artilleur est remarqué par un jeune enseigne de vaisseau. L'officier russe l'appelle et le prie de lui serrer la main. On aurait porté l'officier en triomphe, s'il avait été possible de l'enlever de son landau. Le cortège, ainsi que la foule, acclame un chef africain, l'Oualo Yamar, en costume de gala, qui se tient à une fenêtre de la rédaction du *Temps,* en compagnie du gouverneur du Sénégal.

La place de l'Opéra sera l'apothéose de ce triomphe. Les beaux édifices qui l'entourent ont été décorés magnifiquement. Les drapeaux, les oriflammes et les guirlandes de fleurs forment une tenture mobile, aux couleurs éclatantes, sous laquelle disparaissent les murailles. Des femmes aux toilettes claires garnissent les balcons et les fenêtres, à tous les étages, jusqu'aux toits, donnant à l'architecture des corniches, des frontons et des couronnements, imprévus, de têtes gracieuses et de visages épanouis. Les gradins, les loggias, les terrasses et les coupoles de l'Opéra, remplis de milliers de spectateurs, évoquent à l'imagination des images babyloniennes. Sur la place et dans toutes les voies qui y conduisent, une pluie d'orage n'humecterait pas le sol. Il y a là cent mille hommes pressés les uns contre les autres, souliers contre souliers, les coudes au corps et qui ne poussent que des cris joyeux.

Les rues de la Paix et du Quatre-Septembre présentent des perspectives d'avenues de féerie. Ce n'est ici et là qu'une voûte transparente de drapeaux, de pavillons et d'oriflammes, d'une belle truculence de couleurs. Tous les mâts, aux jonctions des rues transversales et aux points terminus, portent des vergues et des cordages, qui donnent l'illusion lointaine de vaisseaux ancrés au milieu de Paris. Rue de la Paix, on a même pittoresquement ajouté les voiles carguées. En quelques jours a été improvisé, sur ce point, le décor le plus merveilleux qui ait encore été admiré à une fête nationale, décor aérien, coloré et frais, tout de grâce, d'élégance et d'esprit, où se montre le goût fin et délicat des artistes de la mode parisienne.

Quand la première voiture arrive devant l'Opéra, accueillie par une explosion de hourras et d'applaudissements, elle s'arrête. Le maire du IXe arrondissement, M. Ferry, accompagné du député de la circonscription et du Comité des fêtes locales, présente à l'amiral Avellan un vaisseau fait de lilas, d'orchidées et de roses, et lui adresse un fort aimable discours. L'amiral, surpris et charmé, remercie avec effusion et crie : Vive Paris ! Le défilé des landaus ne durera pas moins d'une demi-heure. A chaque groupe d'officiers qui paraît, c'est une ovation personnelle, aux formes les plus expansives d'affection et de joie. Et, sans interruption, cette foule fait

Photographie Pirou, rue Royale.

A PARIS. — La place de l'Opéra, au moment de l'arrivée des officiers russes.

entendre une acclamation si puissante qu'elle doit résonner sur la ville

D'après photographie Buizard.

Le landau de l'amiral Avellan arrivant au Cercle militaire.

entière. L'amiral Avellan met pied à terre devant la porte du Cercle militaire, où le commandant de l'escadre et ses officiers recevront l'hospitalité. Le général Chanoine, président du Conseil d'administration du Cercle, accompagné de l'intendant général Baratier; du colonel Michel, président de la Commission des fêtes; de MM. Sézary, officier principal d'administration; Girard, officier d'administration adjoint, et Khuff, médecin de l'armée territoriale, chargé du service de santé, s'approche, souhaite en russe la bienvenue à l'amiral et lui offre le pain et le sel, sur un plateau d'argent recouvert d'une serviette de soie aux armes de la Russie, que porte un officier interprète. L'amiral, profondément troublé, ne peut que répondre : « Je vous remercie de l'accueil que vous me faites, et je vous en suis très reconnaissant; » et il goûte le pain et le sel. Il entre ensuite dans le Cercle et gagne le salon de la Paix. Là ont lieu les présentations officielles, au milieu des bouquets et des corbeilles de fleurs envoyés par les ministres, par les dames des Halles et par des corporations. Mais le commandant de l'escadre ne peut contenir plus longtemps ses sentiments intimes, et, saisissant le prétexte de l'installation, sur une table, du vaisseau offert par le IXe arrondissement, il dit à ceux qui l'entourent, d'une voix que l'attendrissement fait trembler : « Je ne trouve pas de paroles pour vous dire ce que je ressens. L'accueil que Paris vient de nous faire m'a vivement ému, et je ne peux vous exprimer comme je le voudrais ma reconnaissance. Merci, messieurs, encore merci, et vive la France ! » Mais la foule ne se lasse point dans ses manifestations d'enthousiasme. Quand le dernier officier a disparu, elle réclame l'amiral au balcon. Celui-ci s'est retiré dans son appartement, pour échanger la petite tenue contre l'uniforme qu'il doit porter au *Te Deum* de l'église russe et à la réception de l'Élysée. Le commandant Maréchal se présente et lui dit : « Amiral, je vous en prie, mettez-vous au balcon, on vous demande. » Le chef de l'escadre s'empresse de satisfaire à cette requête, revêt son premier vêtement et se montre. A ce moment, le spectacle ne peut plus être décrit; il semble que la foule n'ait eu qu'une seule poitrine immense et une voix gigantesque unique, tant le cri de : Vive l'amiral! est lancé avec intensité et unanimement. L'illustre hôte de Paris fait signe qu'il veut parler, et, dans un profond silence, il répond de toutes ses forces : Vive Paris! Vive la France! et, mettant la main à son cœur, il s'incline respectueusement. C'est alors un ouragan de tous les bras levés, tendus et agités, dans la même impulsion impétueuse de traduire avec énergie et simultanément les aspirations et les

A PARIS. — La rue du Quatre-Septembre.

pensées; et, pendant une heure entière, on n'entend plus que des applaudissements, des hourras, des vivats, et la grande voix, infinie, du
peuple chantant à l'unisson la *Marseillaise* et ensuite l'Hymne russe.
Plusieurs fois, l'amiral doit revenir saluer les Parisiens, tantôt seul,
tantôt accompagné d'officiers. Impuissant à traduire, comme il le
voudrait, ses sensations par la parole, dans un mouvement superbe d'inspiration du cœur, il saisit les plis d'un drapeau français qui décore le
balcon, les réunit et les
presse entre ses bras. Des
officiers déchirent leurs
gants et leurs mouchoirs,
s'en vont chercher les fleurs
qui garnissent les appar-
tements et les jettent à
la foule, nouent les dra-
peaux français aux dra-
peaux russes, et crient :
Vive la France! vive Pa-
ris! Le propriétaire d'un
grand établissement de couture et de modes de la rue

Photographie Carpin-Marius.
La décoration de la rue de la Paix.

de la Paix, près de la place de l'Opéra, a eu l'exquise idée de l'organisation d'une manifestation féminine. Les cinq étages de sa maison sont
garnis de ses clientes et de tout son personnel d'ouvrières et d'artistes.
A toutes les jeunes filles ont été distribuées des écharpes en mousseline
de couleur. Aussitôt que l'amiral est venu pour la première fois devant
le public, elles ont agité en cadence leurs écharpes; les dames, leurs
mouchoirs et des bouquets; et un chœur a exécuté l'Hymne russe. De
la rue, on réplique par la *Marseillaise*, et, de tous les balcons du Cercle,
par les cris de : Vivent les Parisiennes ! Puis ce sont des envois de
baisers; et bientôt une bataille de fleurs s'engage à travers les guirlandes
et les drapeaux, aux applaudissements de la foule, séduite par cette
manifestation imprévue, d'une grâce si française.

Et quels incidents pittoresques, humoristiques et touchants, se produisent à toute minute, incidents qui montrent la gaieté spirituelle, l'entrain joyeux et la bonne humeur du peuple parisien, dans son enthousiasme

exubérant! Un marin français, de belle allure martiale, a acheté un drapeau aux armes de la Russie et le brandit fièrement en l'air. Cette idée symbolique plaît à la foule; des spectateurs se précipitent sur le marin, le hissent sur leurs épaules et le promènent en chantant. Deux autres soldats qui ont arboré des décorations russes sont portés en triomphe autour du Cercle, aux acclamations des officiers français et russes qui en garnissent les balcons. Sur le sommet de l'Opéra, on a vu apparaître des silhouettes féminines, toutes roses et blanches, sveltes et élégantes, qui courent dans le soleil. Ce sont les élèves des cours de danse; on crie : Vive le Corps de ballet! Un gavroche, à la mine futée, vêtu de coutil et une musette d'ouvrier au bras, a délibérément grimpé à l'un des mâts de la rue de la Paix, près de l'agence Coock, jusqu'à la plus haute des vergues, et s'est installé là à califourchon, pour voir de plus près les Russes. Il crie à tue-tête : Vive l'amiral! et secoue sa musette. Les officiers l'aperçoivent, lui font fête, et répondent : Vive le petit Parisien!

L'administration du Cercle a réservé aux officiers de l'escadre une hospitalité aussi luxueuse que cordiale. Du rez-de-chaussée au faîte, l'hôtel est pavoisé de drapeaux français et russes enlacés; au balcon d'honneur, on a arboré, à un véritable mât de bateau, l'étendard de la marine à la croix de Saint-André bleue sur fond blanc. Des faisceaux d'armes et de cuirasses ornent les entre-croisées; et la facade de la rotonde a des panoplies et des rosaces composées de sabres, d'épées, de baïonnettes et de baguettes de fusils du plus original effet. Les escaliers et les couloirs sont des chemins de verdure et de fleurs. Le troisième étage tout entier est affecté aux hôtes. L'amiral occupe la rotonde; son appartement comprend une antichambre, un salon, une chambre et un cabinet de toilette; le salon d'honneur pour les réceptions officielles est au premier étage. La décoration de toutes ces pièces non seulement est du meilleur goût, mais on a eu la délicatesse de l'adapter à la personnalité de l'amiral et aux événements.

Dans le salon, au meuble de tapisseries anciennes à fleurs, le portrait du Tsar en grand uniforme et celui du Président de la République sont fixés de chaque côté de la cheminée, qui porte une délicieuse garniture en porcelaine de Sèvres, style Louis XV; en face, un étendard aux couleurs impériales entoure l'image de Pierre-le-Grand.

A droite du portrait sont deux médaillons en bronze; l'un, à l'effigie du Tsar, avec cette inscription : « Alexandre III, Empereur de toutes les Russies, Cronstadt, 1891 »; l'autre, représentant le chef de l'État avec la légende : « M. Carnot, Président de la République française, Toulon, 1893 ». Des colonnettes de marbre soutiennent deux statuettes de bronze; une à gauche représente un officier français en tenue de campagne, observant l'ennemi; celle de droite, Christophe Colomb, à la barre de sa caravelle, les yeux fixés sur

Au Cercle militaire.

L'appartement de l'amiral Avellan.

le nouveau continent qu'il va découvrir. Dans la chambre à tenture de damas cramoisi et à mobilier de bois doré de style Louis XV, des cadres artistiques, surmontés de l'aigle russe et de la couronne impériale, contiennent les portraits, en gravure, du Tsar et de la Tsarine. Le salon d'honneur du premier étage forme une véritable galerie d'art. Sur les pans coupés, l'on trouve sept tableaux de genre militaire : 1° à droite en entrant, un soldat de la Garde de Paris en tenue de service à pied, de M. Renault ; 2° un canonnier de la marine française appuyé sur la culasse de sa pièce, de M. Rousseau; 3° un dragon de M. Cheviron; 4° un soldat d'infanterie de ligne en tenue de campagne, de M. Henry Lesur; 5° un pompier en tenue d'incendie, de M. Cheviron; 6° une batterie d'artillerie en action, de M. Blanchon; 7° un tirailleur indigène, de M. Benoît Lévy. Devant la fenêtre principale, face à l'Opéra, se dresse le buste en bronze d'Alexandre III, et, çà et là, sur

des piédestaux, sont placés un buste de Pierre-le-Grand, en pâte de
Sèvres, le *Quand même* de Mercié, son *Gloria Victis,* les statues de
Duguesclin et de Jeanne d'Arc ; l'*Immortalité*, de Chapu. Dans chaque
salon du Cercle, sur des écussons aux tons blanc et bleu, drapés d'éten-
dards, se lisent en caractères russes les noms des bâtiments de l'escadre :
Empereur Nicolas Ier, Pamiat Azowa, Amiral Nackimof, Rynda et

A PARIS. — Le cortège sortant de l'église russe.

Teretz. Chacune des quarante-deux chambres réservées aux officiers est
désignée personnellement par une pancarte de vélin à encadrement doré,
avec une vignette où est dessiné un marin de la Garde impériale faisant
le salut militaire, et sur laquelle sont inscrits en français et en russe le
nom et le grade de l'occupant. Les réceptions achevées, les officiers russes
quittent le Cercle, pour se rendre à l'église russe, où un *Te Deum* d'actions
de grâces pour l'heureux voyage accompli va être chanté. La Garde républicaine à cheval, qui doit les escorter, pénètre sur la place avec difficulté,
mais aux cris de : Vive la Garde ! vive l'armée ! A chaque voiture, des
acclamations nouvelles partent de la foule toujours aussi compacte, des

balcons du Grand Hôtel et du Jockey-Club, des marches, du péristyle et
des terre-pleins de la Madeleine. Le cortège suit au pas les boulevards

Au Cercle militaire. — Le soir de l'arrivée à Paris des officiers russes.

des Capucines et de la Madeleine, le boulevard Malesherbes, le boulevard
Haussmann, la rue du Faubourg-Saint-Honoré, la rue Daru, et ne parvient
qu'au bout d'une heure à gagner l'église russe, où les officiers sont reçus

solennellement par les archiprêtres dans leurs vêtements sacerdotaux, aux sons de la musique du 104ᵉ de ligne et aux applaudissements de la colonie russe tout entière, groupée dans la cour d'entrée et sous le portique du monument. Le retour ne s'effectuera pas avec moins de difficultés et d'ovations; c'est à deux heures seulement que peut commencer le déjeuner offert par le Cercle militaire à ses hôtes, déjeuner intime et tout d'entrée en relations amicales, où il n'a été porté que les toasts officiels au Tsar et à la Tsarine et prononcé que des allocutions de bienvenue et de félicitations. Et la foule affluait toujours sur la place de l'Opéra, saluant par des hourras chaque apparition d'une casquette blanche aux balcons du Cercle; et il en sera ainsi jusqu'à plus de minuit, au retour du bal de l'Élysée, malgré la pluie. Le soir, un grand nombre d'édifices publics et particuliers illuminaient, comme aux jours de fête nationale. N'en n'était-ce point une, spontanée et merveilleuse, qui commençait, pour durer sans interruption une semaine entière, dans l'épanouissement superbe de l'enthousiasme du peuple de Paris ?

Le parapluie franco-russe.
(Croquis de Pif.)
(*Charivari* du 22 octobre 1893.)

La place de l'Hôtel-de-Ville.
Départ de la retraite aux flambeaux.

LE BANQUET DE L'HOTEL DE VILLE
LA RETRAITE AUX FLAMBEAUX

Broche-médaille.

LA soirée du 19 octobre, à l'Hôtel de Ville, vient d'ajouter une belle page à la chronique des nombreuses fêtes données dans le palais municipal, ancien et nouveau, pendant les trois siècles et demi de sa vie. La réception des officiers de l'escadre russe a égalé, si même elle ne les surpasse, en splendeur et en originalité, les plus célèbres que les Prévôts des marchands et les présidents du Conseil aient jamais faites à leurs rois et reines et aux souverains étrangers, depuis Marie d'Angleterre en 1514, jusqu'à la reine Victoria en 1855 et au shah de Perse en 1873. Et l'enthousiasme de la population lui a imprimé un caractère de grandeur, dont aucun exemple ne pourrait être trouvé, quelque popularité la reconnaissance publique ou la gloire ait faite aux hôtes illustres de Paris. Le vaste cadre moderne donné par les travaux édilitaires du second Empire à la vieille place de Grève, ce Forum parisien, se prête fort bien aux dispositions colossales qu'exige aujourd'hui, — et particulièrement dans les circonstances d'entraînement des imaginations et des cœurs telles que les fêtes en l'honneur de la Russie, — l'intervention de foules énormes, qui tiennent à prendre une part active et directe aux manifestations de ses représentants. Sur toute une face du quadrilatère se dresse fier et imposant, dans la splendeur de la lumière du soleil, depuis son zénith jusqu'à son crépuscule, l'Hôtel de Ville, cœur et tête de Paris, palais et forteresse du peuple, où il tient ses assises de justice, où il se retranche pour défendre ses droits civiques et ses conquêtes libérales, et d'où il part aux frontières contre l'ennemi; monument superbe : expression de son génie, emblème de sa puissance, qu'entourent comme d'une couronne les images vénérées des grands ancêtres et des héritiers de leurs talents et de leurs vertus. A droite, un immense panorama montre les monuments de l'antique berceau de la Ville et le grand bras du fleuve des « Nautes » et des « Avaleurs de nefs ». Aussi, lorsque le palais, du bas au faîte, est pavoisé de drapeaux et d'oriflammes, que les vitres flamboient de lumière, que sous les projections électriques paraissent s'animer les statues de la façade et les hérauts d'armes des pignons, que cent mille hommes emplissent la place, la rue de Rivoli, l'avenue Victoria, le pont d'Arcole et les quais, et que le peuple chante la *Marseillaise :* le spectacle est épiquement grandiose.

Le Bureau du Conseil municipal avait décidé qu'il serait fait aux officiers de l'escadre russe une éclatante réception officielle, avec une physionomie spéciale de décoration artistique, répondant à la fois au caractère et au but de leur mission; et, pour associer Paris tout entier à cette fête, le banquet devait être suivi d'une retraite aux flambeaux, se déroulant de la Cité à la place de la Concorde, par les grands boulevards. Le projet était de nature à inspirer d'ingénieuses conceptions aux artistes de l'Hôtel de Ville; la réalisation en a satisfait les critiques à l'imagination la plus féconde et au goût le plus sévère. Deux vaisseaux allégoriques étaient dressés sur les terre-pleins, aux deux côtés du monument, pour recevoir les sociétés chorales et les musiques. La carène

A L'HÔTEL DE VILLE. — La Galerie des Fêtes préparée pour le banquet.
(Photographie obtenue par M. Brichaut, au moyen de son nouveau procédé de photographie de nuit.)

porte, sur le devant, deux écubiers dorés, se profilant en relief. A l'arrière domine, d'un haut piédestal, la République en robe blanche et manteau bleu, ses pieds nus sur une sphère, la main droite tendue à hauteur de l'horizon et le bras gauche levant au-dessus de sa tête un flambeau. L'arrière du bâtiment est orné de deux écussons aux armes de la Ville. Des néréides et des tritons émergent de touffes d'herbes marines, au-dessus des flots bleus, et semblent faire appel à tous les dieux et déesses de la mer. De chaque côté des vaisseaux sont édifiés des pylônes décoratifs. De la base en bloc quadrangulaire de pierres de taille et de briques s'élève une pyramide, sur la face de laquelle sont peintes des ancres, dont la chaîne est entourée d'une écharpe blanche et bleue avec les mots : Toulon-Cronstadt. Au-dessus, en lettres rouges, s'inscrit le nom de chacun des vaisseaux de l'escadre. Les pylônes se terminent par des mâts, à vergues et haubans, d'une hauteur prodigieuse, où sont accrochés des boucliers à fond d'or aux armes de Russie. Tout autour de la place court un portique de verres aux couleurs françaises et russes. Une loggia a été établie sur la façade du monument, à hauteur des croisées de la salle du Conseil, le plafond orné d'un velum à bandes jaunes et bleues semées d'étoiles ; les arcades des baies formant balcons saillants, garnis de draperies rouges à franges vieil or. C'est là que les invités se tiendront pour assister à la retraite aux flambeaux. La décoration intérieure de l'Hôtel n'est pas moins originale et luxueuse. On a transformé la cour Louis XIV en jardin d'hiver. Aux angles, des rochers, aux mousses vertes, laissent échapper des nappes d'eau, irrisées par la lumière, dans un vaste bassin qu'ornent des plantes aquatiques ; des gazons avec arbustes, établis le long des murs, relient ces rochers entre eux, faisant ainsi à la cour une ceinture de verdure et de fleurs. Au milieu, le groupe du *Gloria Victis* est le centre d'un petit salon de repos. Sur les arcades surmontant les fenêtres ont été tendus des lambrequins de soie verte, au-dessus desquels des trophées enlacent symboliquement les drapeaux russes et français. Partout se déroulent des guirlandes de feuillages. Les imposes, formant arceaux au-dessus des baies ouvertes, sont garnies de treillages vert tendre ; le velum aux plis bleus et jaunes s'attache à une rosace en bois doré et découpé à jour. Vingt lustres à verres dorés et une couronne de lampes à incandescence illuminent ce féerique jardin. Tous les salons et toutes les salles de l'Hôtel sont également ornés de plantes et de fleurs.

Le banquet comprend cinq cent soixante-quatre convives. La municipalité a invité les personnages qui, par leurs hautes fonctions, par leurs talents et par leurs œuvres, représentent l'âme et le cerveau de la grande cité, et qui feront ainsi aux envoyés du Tsar un magnifique cortège d'hommes éminents, écrivains, artistes et savants. Elle a voulu aussi faire participer à cette manifestation parisienne les représentants des municipalités des grandes villes des départements : les maires de Lyon, Marseille, Bordeaux, Lille, Toulouse, Saint-Étienne, Nantes, Le Havre, Roubaix, Rouen et Reims, affirmant par là l'unanimité en France des sentiments de cordiale sympathie et d'affectueuse gratitude pour les délégués de la nation russe.

Le banquet a lieu dans la Galerie des Fêtes, magnifiquement décorée. Une musique militaire placée dans le vestibule d'entrée joue l'Hymne russe, à l'arrivée des officiers, et la *Marseillaise,* au moment où le Président de la République est reçu par le président et les membres du Bureau du Conseil municipal et par M. Poubelle, préfet de la Seine. A la table d'honneur, le Président de la République a fait mettre à sa droite MM. Humbert, président du Conseil municipal; le baron de Mohrenheim, ambassadeur de Russie; Challemel-Lacour, président du Sénat; Dupuy, président du Conseil des ministres, ministre de l'Intérieur; de Giers, conseiller de l'ambassade de Russie; Guérin, ministre de la Justice; le capitaine de vaisseau Dicker, commandant l'*Empereur Nicolas I*er; le général Loizillon, ministre de la Guerre; le capitaine de vaisseau Grieger, commandant le *Rynda,* et Poincaré, ministre de l'Instruction publique et des Beaux-Arts. A la gauche de M. Carnot sont placés, par ordre de préséance, MM. Poubelle, préfet de la Seine; l'amiral Avellan; Casimir Perier, président de la Chambre des députés; Develle, ministre des Affaires étrangères; le général baron Freedericksz; Peytral, ministre des Finances; le capitaine de vaisseau Tchoukhnine, commandant le *Pamiat Azowa;* l'amiral Rieunier, ministre de la Marine, et le capitaine de vaisseau Lochtchinski, commandant le *Teretz.* Des conseillers municipaux président les douze autres tables. Le menu somptueux est renfermé dans un carnet, dont M. Bracquemond a composé la décoration, œuvre d'art d'un goût délicat.

Au dessert, le Président de la République se lève et porte ce toast :

Je bois à la santé de Leurs Majestés l'empereur Alexandre III et l'impératrice de Russie.

Je bois au grand-duc Tsaréwitch.

Je bois à tous les membres de la famille impériale de Russie.

Un chœur chante l'Hymne russe, que tous les convives écoutent debout et applaudissent. M. le baron de Mohrenheim répond :

Je bois au Président de la République.

Ce toast dit tout.

Cependant, je prends la liberté de demander au président la permission d'en joindre un autre auquel il sera particulièrement sensible :

A Paris ! *Fluctuat nec mergitur*.

La *Marseillaise* est exécutée par le chœur, aux acclamations particulièrement vibrantes des officiers russes ; et M. Humbert, président du Conseil municipal, levant sa coupe dans un geste superbe, s'écrie :

Messieurs,

Au nom de Paris, je lève mon verre et je bois à nos amis et à nos hôtes ! Qu'ils soient bienvenus dans notre cité comme furent à Cronstadt, à Moscou, à Saint-Pétersbourg, les officiers de notre escadre !

Je bois à nos amis et à nos hôtes : au vaillant amiral Avellan, aux braves officiers de l'escadre russe de la Méditerranée. Et, en buvant à vous, Messieurs, je bois à tous vos camarades de la marine et de l'armée russe, je bois à tous vos compatriotes, à vos frères, à vos fils, à vos femmes, à vos sœurs et à vos mères.

Je bois à tout ce qui vous est cher, à tout ce qui fait battre vos cœurs, à toutes vos amours, à toutes vos joies, à toutes vos espérances. Je bois à la patrie russe, sœur de la patrie française.

Vive la Russie et vive la France !

Les convives, que le toast du représentant du Tsar, dans son aimable simplicité et par la poétique évocation de la belle devise de la Ville de Paris, avait charmés, sont profondément émus par ces paroles ardentes et patriotiques du président du Conseil municipal. Une triple salve d'applaudissements en souligne l'élévation et la fierté. L'amiral Avellan, dont le visage souriant devient gravement sévère sous l'émotion, se tourne vers M. Humbert et lui dit, en scandant avec énergie tous les mots :

Les officiers de mon escadre et moi nous sommes très touchés des hommages que nous recevons de la municipalité de Paris et de ses habitants.

Paris est la ville la plus hospitalière du monde.

Avec toute la reconnaissance dont nous sommes capables, nous buvons à la Ville de Paris, à la capitale de la France, à ses habitants.

Vive Paris ! Vive la France !

Tous les officiers russes répètent ce cri d'une voix retentissante, et les convives leur répondent par des hourras en l'honneur de l'amiral et de la Russie.

Il est neuf heures et demie. Depuis longtemps monte à la Galerie des fêtes la rumeur de la foule, qui a fait à la musique de la Garde républicaine un accompagnement lointain de basses, aux profondeurs puissantes, et qui, de plus en plus intense à mesure que s'accroît l'impatience du merveilleux spectacle dont elle a l'intuition, semble, à ce moment, se mêler aux chœurs et aux applaudissements. Les convives de la table d'honneur se lèvent, et le président du Conseil municipal conduit le Président de la République, M. de Mohrenheim et l'amiral Avellan dans la loggia, devant laquelle va défiler la retraite aux flambeaux. Aussitôt que le cortège officiel apparaît dans l'embrasure de la porte centrale de l'Hôtel de Ville, une clameur immense s'élève de la place. Les musiques et les sociétés chorales, les « Enfants de Lutèce », l' « Abeille », l' « Harmonie de Montmartre », les « Enfants de Paris », le « Choral de Belleville » et la « Lyre du Commerce », placés dans les vaisseaux symboliques, exécutent la *Marseillaise,* dont cent mille voix chantent le refrain. Des roulements de tambours et des sonneries de clairons retentissent au delà du pont d'Arcole; des torches s'allument, noyant la clarté blanche de l'illumination des rampes de gaz sous des

Pylône décoratif
sur la place de l'Hôtel-de-Ville.

tourbillons de nuées rouges, dont les monuments sont incendiés : c'est la retraite qui se met en marche.

Des soldats d'infanterie, portant des flambeaux, font la haie sur les flancs de la retraite. Le cortège suit l'avenue Victoria, le boulevard Sébastopol et les grands boulevards jusqu'à la place de la Concorde, où doit se faire la dislocation. Sur tous ces points, c'est un fleuve humain, qui roule des flots de gaieté et d'enthousiasme. Les branches des arbres ploient, — et souvent se brisent, — sous le poids des gavroches qui s'y sont juchés ; les toits des kiosques de journaux, des buvettes, des stations de voitures et d'omnibus, servent d'observatoires à des groupes compacts et bruyants ; les fenêtres sont obstruées de rangées de têtes ; et sur les balcons, sur les terrasses, des gradins étagent les hommes, les femmes et les enfants. De partout, en bas et en haut, partent des fusées d'éclats de rire et de cris joyeux, des chansons patriotiques et des refrains populaires.

Pour tromper la lassitude, — non l'ennui, — d'une attente qui sera fort longue, car la retraite a de la peine à se frayer un passage au travers de ce million de spectateurs insouciants de tous dangers, il s'improvise, en cent endroits, des sauteries, des farandoles et des monômes. Quelques lanternes vénitiennes au bout des cannes, des drapeaux français et russes sur les épaules, des mirlitons et des trompettes d'enfants aux lèvres : et une retraite minuscule se forme, dont on applaudit plaisamment le défilé. Des flammes de Bengale, multicolores, s'allument de tous côtés ; leurs reflets dans le lointain produisent le mirage de l'arrivée des torches et provoquent des hourras, que terminent rapidement des acclamations ironiques, pétillantes de lazzis. Mais on aperçoit au bout d'un angle de boulevard des miroitements de casques de cavaliers : « Les voilà ! Les voilà ! » Les sons de la musique se font entendre confusément dans une rumeur flottante ; le ciel se teint de clartés rouges : « Ce sont eux !! » Et de toutes les poitrines sort un cri unanime et impétueux de : Vive l'armée ! vive la Russie ! Des bandes de manifestants ont rompu la haie d'infanterie, se mêlent aux pompiers et aux musiciens, en chantant les hymnes nationaux des deux pays. Il n'y a plus de cortège militaire ; c'est la foule elle-même, une foule ivre de joie et de belle humeur, turbulente, mais inoffensive, qui, tambours, clairons et musique en tête, accompagnée par des soldats et des cavaliers, fait elle-même une retraite gigantesque, non prévue au programme, mais dont le spectacle a une singulière beauté. Il est plus de minuit, quand la dernière torche s'éteint; jusqu'à une heure avancée de la nuit, on entendra sur les boulevards la *Marseillaise;* et des manifestants infatigables crieront toujours : Vive la Russie !

Pendant ce temps, la municipalité offrait à ses invités le plaisir raffiné d'une soirée artistique, organisée avec le concours d'artistes éminents de la Comédie-Française, de l'Opéra et de l'Opéra-Comique, l'orchestre et les chœurs de la Société des concerts du Conservatoire national de musique, sous la direction de M. Taffanel. Après l'exécution de la *Marche solennelle* de Tschaïkowsky, Mlle du Minil, personni-

Le défilé de la retraite aux flambeaux
sur les grands boulevards.

fiant la ville de Paris, est venue adresser aux officiers russes un

Salut lyrique de M. Armand Silvestre. On entend ensuite le prélude et les chœurs des Amoureux et de la Forge du *Ludus pro patria* de Mlle Augusta Holmès, dont les récits sont déclamés par M. Mounet-Sully; puis, le chœur et les stances de *Sapho,* de Gounod, chantés par Mlle Delna. L'orchestre joue la danse grecque des *Erinnyes* de MM. Leconte de Lisle et Massenet; M. Paul Mounet dit le récit de la scène des Apparitions de cette tragédie. Par une délicate attention pour les hôtes de Paris, les organisateurs du concert ont inséré en tête de la seconde partie, comme ils l'avaient fait pour la première, des fragments de l'œuvre d'un maître russe, des airs de ballet avec chœurs du *Prince Igor,* de Borodine. Le programme comprend encore un entr'acte et un air d'*Erostrate* de M. Reyer, avec M. Delmas; l'*Hymne* de Victor Hugo, dit par Mlle Bartet, et enfin la *Marche héroïque* à la mémoire d'Henri Regnault, par M. Saint-Saëns, suivie de la *Marseillaise* et de l'Hymne russe. Ce concert a été fort goûté et très applaudi; mais la fête véritable, unique, émouvante, grandiose, était dans la rue, la fête inouïe dont Paris conservera un éternel souvenir.

La lanterne moscovite.
(Croquis de Pif.)
(*Charivari* du 8 octobre 1893.)

D'après photog. instantanée Mackenstein.

LA PROMENADE DANS PARIS

PLACE DE LA CONCORDE.
La statue de Lyon pendant le défilé.

LE Conseil municipal a fait inscrire au programme des fêtes, à la date du 20 octobre, une promenade dans Paris. Il veut que la grande Ville se montre aux délégués du peuple russe sous toutes ses physionomies si originales, sous tous ses aspects si variés; qu'elle leur présente, dans les milieux mêmes où elles vivent de leur vie normale de travail, d'étude ou de luxe, ses populations si distinctes de caractères et de tempéraments; et qu'ils emportent ainsi, dans les yeux et dans le cœur, la vision ineffaçable de tout ce dont elle s'honore avec un légitime orgueil, des reliques de son passé et des splendeurs de son présent : ses ateliers, ses palais, ses temples, ses écoles, ses musées, ses parcs et ses jardins. L'esprit parisien, auquel l'émotion et l'enthousiasme ne font

jamais perdre ses droits, a qualifié humoristiquement cette promenade :
le tour du propriétaire. Ce mot est aussi juste que plaisant. Quel
plus sincère témoignage d'affectueuse considération peut-on offrir à un
hôte que de le faire entrer dans son intimité, de l'initier à ses travaux, à
ses projets et à ses espérances ; de se réjouir avec lui des richesses fièrement acquises par les aïeux et par soi-même ; de lui montrer le trésor
familial des traditions séculaires de vertus civiques et privées et des testimonials de gloire et d'honneur ? Le peuple de Paris, qui a l'instinct de
toutes ces délicatesses et de toutes ces grâces d'hospitalité, l'avait si bien
compris que, ce jour-là, il est resté chez lui, n'apportant à son intérieur,
à ses habitudes et à son costume, d'autres modifications que celles que
paraissait lui inspirer strictement le devoir de manifester avec éclat ses
sentiments de gratitude et de sympathie.

A huit heures du matin, les landaus arrivent avenue de l'Opéra. Le
préfet de la Seine et les représentants du Conseil municipal sont accueillis
par les officiers russes groupés au balcon du Cercle et par la foule nombreuse aux cris de : Vive Paris ! vive la France ! Ils se découvrent et
répondent : Vive la Russie ! vive la marine russe ! Après les présentations
et les compliments, le signal du départ est donné. Un escadron de la Garde
républicaine se forme en escorte de tête et de queue ; dans la première
voiture prennent place l'amiral Avellan, le président du Conseil municipal, le préfet de la Seine et le général Chanoine. Aussitôt que le cortège
se met en marche, les spectateurs des fenêtres et des balcons versent
des fleurs sur les voitures ; et des acclamations fusent de partout. Pendant une halte, au coin de la rue des Pyramides, provoquée par un incident léger, la foule rompt l'escorte, envahit les landaus, et ce ne sont plus
que poignées de mains et embrassades, données et rendues avec une
effusion exubérante. A la Bourse de commerce, les délégués des corporations qui la composent saluent simplement le cortège dont l'arrêt sur ce
point a été supprimé.

Les Halles centrales sont en fête ; la rue Baltard est pavoisée de
trophées, de drapeaux, d'oriflammes et de pavillons, qui s'entre-
croisent au-dessus de la chaussée. Chaque étal de marchand dans
les quartiers de la boucherie, de la volaille, des légumes, du beurre,
du poisson, etc., disparaît sous les fleurs, les serpentins, les guirlandes de feuillage et de papier multicolore découpé, les écussons aux

armes de la France et de la Russie, les trophées de drapeaux, petits et grands, des deux pays. Le Comité des Halles et les conseillers municipaux du quartier reçoivent l'amiral et les officiers à la Pointe Saint-Eustache, pendant qu'une musique militaire joue l'Hymne russe, qu'accompagnent les cris et les applaudissements des milliers de personnes entassées au carrefour des rues Montmartre, Montorgueil et Turbigo. Ils les conduisent

AUX HALLES CENTRALES.

Les délégations des Halles attendant le cortège des officiers russes.

dans l'avenue qui sépare le pavillon du beurre de celui de la marée. Là sont rangées, bannières en tête, les délégations diverses, et la fanfare de la Belle Jardinière, dont la *Marseillaise* fait vibrer les charpentes métalliques du monument. Le Comité présente galamment en premier la délégation des dames des Halles, qui ne compte pas moins de vingt-deux personnes. Une jeune fille, aux cheveux blonds, en robe blanche ornée sur l'épaule d'un nœud aux couleurs franco-russes, remet au commandant de l'escadre un vaisseau d'œillets blancs et rouges et lui adresse un compliment.

L'amiral remercie les dames de la Halle par des paroles fort gracieuses et embrasse la jeune fille. La délégation des fleuristes s'avance et dépose entre les bras des officiers des gerbes de roses. Le président du Comité, M. Deligne, facteur à la boucherie, prie l'amiral de vouloir bien faire l'honneur au grand marché parisien d'accepter, en testimonial de sa visite, une médaille d'or, à l'effigie de la République, portant l'inscription : « Les Halles de Paris à l'amiral Avellan, 20 octobre ».

Cela fait, le cortège reprend sa marche; les landaus sont couverts de fleurs que les femmes et les jeunes filles apportent et jettent par brassées, en criant : Vive l'amiral! vive la Russie!

Aux Arts et Métiers, simple halte devant la cour d'honneur. Le président du Conseil municipal et le préfet de la Seine s'excusent auprès du colonel Laussedat de ne pouvoir visiter le Musée, en raison du retard produit par la réception des Halles. Le haut personnel du Conservatoire, les conseillers municipaux, le maire et les adjoints de l'arrondissement échangent des félicitations avec le commandant de l'escadre, auquel sont remises une adresse et une médaille commémorative en or.

Une délégation de marchandes du Temple, enrubannées aux couleurs de la marine russe, blanc et bleu, offrent à l'amiral une corbeille

AUX HALLES CENTRALES.
Les dames de la Halle offrant des corbeilles de fleurs.

de fleurs ; et le cortège se dirige vers le boulevard de Sébastopol, pour gagner le parc des Buttes-Chaumont par le boulevard de Strasbourg, la rue Lafayette et la rue Secrétan. Dans toutes ces voies, la foule, joyeuse et enthousiaste, fête les officiers. Des incidents charmants et pittoresques se produisent partout, inspirés par l'allégresse populaire. Boulevard de Strasbourg, la Société mutuelle des voyageurs de commerce fait un lâcher de milliers de ballons aux couleurs russes et françaises. A la gare de l'Est, une délégation des employés de la Compagnie du chemin de fer présente, par une adorable fillette en robe tricolore, une gerbe de roses. Le landau de l'amiral ne peut plus contenir la moisson de bouquets ; on doit détacher deux voitures du cortège pour recevoir les dons parfumés de la population. Au marché Saint-Quentin, les marchandes font irruption, arrêtent tous les landaus et les remplissent de fleurs. Les promeneurs vont subir le supplice caliguléen : l'étouffement sous les roses. Les habitants des Buttes-Chaumont ont érigé rue Secrétan un arc de triomphe, et couvert les façades de leurs maisons de guirlandes de papier et de serpentins, à défaut de nombreux drapeaux. Cette manifestation, dont les compagnons des officiers leur font remarquer le touchant caractère, les émeut vivement. Aux pieds de l'arc de triomphe, le député, M. Clovis Hugues, le maire et les adjoints du XIXe arrondissement, remercient l'amiral d'avoir bien voulu visiter ces quartiers ouvriers. Près de là, il y a un marché ; une députation féminine offre de nouveau des corbeilles et des bouquets.

Les Buttes-Chaumont réservent aux hôtes de Paris la surprise d'un spectacle imprévu, qui va les attendrir autant qu'il les enchantera. Dans ce parc, que la Ville entretient avec non moins de soins, de goût et de luxe que ceux des quartiers les plus aristocratiques, les pelouses, les allées, les ponts et les rochers ont été envahis par la population ouvrière, les hommes en blouse, cotte et bourgeron ; les femmes en taille et en cheveux. Des volées d'enfants, fillettes et garçons, hardis comme des moineaux, s'abattent sur le cortège, se glissent entre les jambes des chevaux de l'escorte, grimpent sur les marchepieds, sur les essieux et dans les capotes des landaus, offrant leurs têtes, à peine débarbouillées, mais fines et rieuses, aux embrassades, en criant : Vivent m'sieurs les officiers ! vivent les Russes ! Et, charmés par tant d'aimable espièglerie et de gaieté riante, marins et conseillers municipaux baisent aux joues, sur les lèvres, dans le cou, sur la nuque, où ils peuvent le saisir, tout ce petit monde qui s'ébroue et s'exclame de plaisir et d'orgueil. Quelques-uns en hissent à bras tendus et les placent auprès d'eux, mettant des roses dans les cheveux ébouriffés, aux corsages ouverts, accrochant des brindilles et des tiges aux cordons des casquettes et aux rubans des chapeaux. Et ce sont alors des hourras, des applaudissements et des bravos incessants dans la foule ; les femmes, que cette bonne grâce touche au cœur, envoient des deux mains des baisers. Un lunch a été servi sous une vaste tente ; mais les bouteilles de champagne et les boîtes de gâteaux s'en vont toutes aux hôtes improvisés des voitures, aux jeunes filles des groupes qui les entourent ; et les officiers, à chaque coupe que l'on vide, portent joyeusement, en imitant le geste du buveur, des toasts aux jolies Parisiennes, aux ouvrières de Belleville et des Buttes-Chaumont.

AU PARC
DES BUTTES-CHAUMONT.
Les embrassades et les vivats de la foule.

Il est déjà dix heures et demie ; au train dont vont les manifestations, le déjeuner du Jardin d'acclimatation sera servi à la nuit. Le président du Conseil municipal donne vigoureusement, quoique à regret, le signal du départ, et les voitures se dirigent au pas vers la place Armand-Carrel, gagnent avec peine l'avenue de Laumière et la rue d'Allemagne, dont la décoration est d'une ingénieuse fantaisie. Des banderoles multicolores relient les arbres ; le pont du chemin de fer disparaît derrière un arc de triomphe de feuillages, sur lequel on lit : « Soyez les bienvenus ! Paix et Travail ! Vive la Russie ! » Sur ce point, où la population est presque exclusivement ouvrière, les fleurs tombent des fenêtres et des balcons, avec autant de prodigalité qu'au centre de Paris. On est arrivé au Marché aux bestiaux. Des gardes municipaux à cheval et à pied font la haie. A la requête de M. Laurent, secrétaire général de la Préfecture de police, de M. Foussier, conseiller municipal, et de M. Menant, directeur des Affaires municipales, le cortège s'arrête devant la Halle aux bœufs. M. Bertaux, directeur de la Société concessionnaire de la régie du Marché aux bestiaux, entouré des présidents des Syndicats, adresse à l'amiral un fort aimable discours. La musique des Patriotes du XIXe joue la *Marseillaise*. L'amiral Avellan répond par quelques paroles chaleureuses de remerciements. A l'entrée des Abattoirs, la bienvenue est souhaitée

Les voitures chargées de fleurs.

aux officiers russes par le vice-président de la Chambre syndicale de la boucherie, M. Roy. Aux sons de trois musiques, la « Fanfare des Quatre-Chemins », la « Société musicale du XIXe » et les « Trompettes de la Revanche », le cortège parcourt l'immense établissement, et, en sortant du grand hall, où le chemin était bordé d'une haie de gerbes de blé piquées de bleuets et de coquelicots, il passe sous un arc de triomphe colossal, formé de bottes de foin, autour duquel sont groupés les garçons des Abattoirs, en tenue de travail.

Une halte au groupe scolaire de la rue Louis-Blanc est inscrite au programme. Les promeneurs y vont être l'objet d'une manifestation, dont le contraste de physionomie avec celle qui vient de leur être faite, l'épanouissement de la grâce enfantine d'écolières blondes et roses, après celui de la mâle robustesse des bouchers aux bras velus, est d'une originalité piquante.

La municipalité de l'arrondissement et le conseiller municipal du quartier, M. Villain, conduisent l'amiral et ses officiers dans le préau de l'école. Là, trois cents fillettes et jeunes filles, avec des rubans

Photographie Albert Brichaut.

AU JARDIN D'ACCLIMATATION.

Le Palmarium préparé pour le déjeuner offert aux officiers russes.

verts, rouges, bleus, indiquant les classes auxquelles elles appartiennent, chantent l'Hymne russe.

Une d'elles s'avance et lui adresse ce compliment :

Monsieur l'amiral, c'est un grand honneur que vous faites aux enfants de Paris en venant visiter une de leurs écoles. Nous n'oublierons jamais ce témoignage de sympathie, car la femme, dans votre pays comme dans le nôtre, vit d'affection et de souvenir.

L'amiral embrasse la fillette, qui lui met entre les mains un bouquet. Après la visite des classes, on se rend dans un second préau où plus de quatre cents écoliers sont réunis. Un jeune garçon dit à l'amiral :

Nous sommes fiers, amiral, de cette visite dont nous sentons tout le prix. Les écoliers de Paris se rappelleront cette heureuse journée. Ils ne savent pas oublier.

Et tous entonnent un couplet du *Chant du départ*. Dans la rue, où deux musiques jouent les hymnes nationaux de France et de Russie, la foule, presque exclusivement composée des parents des élèves,

D'après photog. instantanée Mackenstein.

Le cortège des officiers russes sur la place de l'Étoile.

fait une ovation au cortège, à son entrée et à sa sortie. Il s'improvise même une bataille de fleurs. Des jeunes filles lancent des bouquets aux officiers ; les officiers en renvoient de ceux qui remplissent les voitures. Avisant une blondinette qui lui a jeté de loin des roses, un jeune enseigne de vaisseau tire son sabre, plante au bout de la lame un bouquet et, par-dessus les têtes, le dépose entre les mains levées de sa jolie partenaire. Cette botte galante est applaudie.

De la place de la Chapelle au Bois de Boulogne, par les boulevards de la Chapelle, de Rochechouart et de Clichy, la rue du Havre, la Madeleine, la rue Royale, les Champs-Élysées, le parc Monceau, l'avenue Hoche et l'avenue de la Grande-Armée, le cortège traverse des foules aussi épaisses, aussi animées et aussi gaies ; et ce n'est pas un des moindres étonnements, mêlés d'admiration, qu'éprouvent les officiers russes de trouver toujours sur leur passage autant de Parisiens, les accueillant

par des applaudissements aussi chaleureux. Un conseiller municipal, auquel l'un d'eux fait part de cette sensation imprévue, lui répond spirituellement : « Croyez bien que ce ne sont pas les mêmes qui reviennent, comme dans *Guillaume Tell ;* cela coûterait trop cher à l'administration. » A l'entrée du Bois de Boulogne, la municipalité du XVI⁰ arrondissement a fait dresser une vaste estrade, où prennent place le maire, M. Marmottan, les adjoints, un grand nombre d'habitants des quartiers de Passy, des Ternes, de Neuilly, de jeunes et jolies femmes, à qui le clair soleil de la Saint-Martin précoce a conseillé d'arborer les costumes d'été.

Après les compliments de la municipalité, une délégation des élèves du lycée Janson de Sailly offre à l'amiral une réduction en bronze du marin du monument de Chanzy, au Mans ; et l'Union des Sociétés d'instruction militaire du XVI⁰ arrondissement, présidée par le colonel Tamisey, un médaillon en argent représentant la *Marseillaise* de Rude.

Il est une heure et demie quand le cortège arrive au Jardin d'acclimatation, où il était attendu à midi. Un bataillon de Gardes municipaux et un escadron de la Garde républicaine assurent le passage à travers cinquante mille curieux, immobiles

Porte-cigarettes franco-russe.

depuis onze heures du matin, et dont l'attente n'a pas refroidi l'enthousiasme. M. Alphonse Humbert présente à l'amiral Avellan MM. le prince

Photographie Pierre Petit.

Au Jardin d'acclimatation. — Le déjeuner dans le Palmarium.

de Wagram, président du conseil d'administration du Jardin d'acclimatation ; Émile Francq, vice-président ; le comte
Treilhard, Alfred Joubert, Lemoine et Gilbert,
membres du conseil. Le prince de Wagram souhaite
la bienvenue à l'amiral Avellan, auquel est remis un
bouquet de roses.

Porte-allumettes
franco-russe.

Les chœurs et l'orchestre de l'Opéra-Comique
donnent une aubade
dans la grande salle des
fêtes, et le déjeuner est
servi au centre du Pal-
marium. La gaieté, la
bonne humeur et l'esprit font vite oublier
toutes les fatigues de la matinée. Les vins
généreux retrempent les cordes vocales des
gosiers, altérées par les hourras. L'amiral
a un mot charmant sur la Presse parisienne.

Petite blague à tabac franco-russe.

Dans la salle voisine
banquètent les écrivains
qui ont suivi le cortège ;
et il y règne une joie turbulente, dont les échos
arrivent au Palmarium.
« Ce sont bien là les
journalistes parisiens, dit-
il ; ils se disputent sans
cesse, et cela ne les em-
pêche pas d'être toujours
d'accord. » Nos confrères,
suivant les habitudes professionnelles, ont bien vite
fait d'expédier le repas,
qui n'était cependant rien
moins que cénobitique ; et
ils vont visiter les serres.
Un artiste, M. Carpin,
les arrête au passage, en

compose un groupe sympathique et les photographie. L'amiral paraît, accompagné de MM. Pou-
belle et Humbert ; de suite,
on les prie de « se laisser
tirer », en compagnie des

Le breack de la Presse.

journalistes parisiens. L'amiral accède à cette requête avec
bonne grâce. Des bancs sont apportés. M. Carpin étage
pittoresquement ses victimes souriantes, déplace une main d'ici, rec-
tifie une tête de là. « Une, deux, ne bougeons plus : c'est fait ! » Et
tout le monde de rire gaiement. « C'est toujours ainsi que finissent
les noces au Bois de Boulogne, dit un journaliste à l'amiral ; ça porte
bonheur ! »

Mais il faut repartir : trois heures sonnent ; et, avant la nuit, tout le
Paris de la rive gauche doit être visité. Cette seconde promenade ne sera
pas moins joyeusement mouvementée que la première et donnera lieu aux
mêmes manifestations chaleureuses. Dans ces vastes avenues et boulevards des quartiers du Trocadéro, des Invalides, de Vaugirard, du Mont-
parnasse, de l'Observatoire, des Gobelins et Saint-Victor, ordinairement
si déserts, la foule grouille, vibrante de gaieté. Toutes les rues conver-

gentes de la Seine aux fortifications y ont
déversé leurs habitants, ouvriers, bourgeois, femmes et enfants. Au lycée Buffon,
halte de quelques minutes, pendant laquelle
le proviseur et le maire de l'arrondissement, M. Sextius Michel, félicitent les officiers au nom de leurs élèves et administrés.
Carrefour de l'avenue des Gobelins et des
boulevards Arago et Port-Royal, le Comité
des fêtes du treizième arrondissement a
élevé un arc de triomphe avec l'inscription : « Soyez les bienvenus ! » Le cortège
s'arrête devant la Manufacture nationale

de tapisseries. L'administration en a décoré ingénieusement l'entrée.
Deux mâts soutiennent une des plus belles tapisseries de la suite des
« Don Quichotte », sur fond rose, et une bande d'étoffe où on lit, en

13

Le portique décoratif de la Manufacture nationale de tapisseries des Gobelins.

mots brodés de fils de soie : « Le tsar Pierre le Grand visita les Gobelins, les 12 mai et 15 juin 1717. » A des câbles tendus en diagonale sont accrochés des pavillons multicolores portant chacun une lettre dont l'ensemble forme l'inscription : France-Russie. M. Guiffrey présente à l'amiral les compliments des artistes des Gobelins et lui offre, au nóm de la direction des Beaux-Arts, un panneau en tapisserie, le *Trépied d'or,* de Galland, et un livret contenant la relation des deux visites de Pierre le Grand, extraite de *l'Histoire de Paris en 1716 et 1717,* par Dubois de Saint-Gelais. Place d'Italie, une Société colombophile fait un lâcher de deux mille pigeons voyageurs. Le vol effaré, dans le crépuscule, de ces oiseaux au-dessus des milliers de têtes de manifestants, est une poétique vision. Le quai Saint-Ber-

Un marchand de drapeaux
et d'emblèmes franco-russes.

nard présente une physionomie singulièrement originale. De chaque
côté de la chaussée a été établie une double haie de tombereaux, fiacres,
omnibus de famille, camions, fourgons, tapissières et chars à bancs, sur
lesquels sont assis les curieux ; les parapets du pont et les soubassements
des grilles du Jardin des Plantes et de la Halle aux vins forment un

second rang de spectateurs
debout, et chaque branche
des platanes, — le paradis
de cet amphithéâtre, —
porte un gavroche à cali-
fourchon. La nuit tombe ;
les acclamations de la foule
n'en deviennent que plus
intenses. Les officiers
russes sont reçus devant
la porte principale de la
Halle aux vins par le Co-
mité des fêtes du quar-
tier Saint-Victor et par les
conseillers municipaux de
l'arrondissement. On
les invite à un vin d'honneur. L'amiral, après
avoir bu, brise son verre
en mille morceaux. Cette démonstration d'amitié provoque une salve
de hourras.

RUE DE SEINE. — Attendant le cortège.

Du pont Sully à la Bastille, dans la rue Saint-Antoine, la rue de
Rivoli et le boulevard du Palais, sur les ponts au Change et Saint-
Michel, c'est une chevauchée nocturne, fantastique. Les casquettes
blanches que les officiers russes agitent sans relâche pour répondre aux
acclamations, — ils n'ont plus de voix, — ressemblent à des mouettes qui
tournoient au-dessus d'un bateau, filant à toute vitesse dans la nuit. A la
Sorbonne, dans le grand vestibule de la rue des Écoles, se tient le vice-
recteur de l'Académie de Paris, entouré des doyens, des proviseurs et
d'un grand nombre de professeurs des facultés et des lycées, du président
du Comité de l'Association générale des étudiants ; des anciens présidents,

Préparatifs de pavoisement sur l'itinéraire du cortège.

du bureau actuel et d'un certain nombre de membres de l'Association. M. Gréard adresse à l'amiral Avellan un compliment de bienvenue ; puis, M. Gaston Laurent le salue au nom des étudiants de Paris, et lui offre un exemplaire en or de la médaille de l'Association. La jeunesse des écoles accueille les délégués de l'escadre avec toute l'impétuosité et toute la chaleur de ses vingt ans. De la fontaine Saint-Michel jusqu'au pont Neuf, par le boulevard Saint-Michel, la rue des Écoles, la rue de Médicis, la rue de Tournon et la rue de Seine, elle leur fait une escorte bruyante et tumultueuse. Sur le boulevard Saint-Germain, près de la rue de Buci, un colossal arc de triomphe, illuminé par des projections électriques, porte sur une plate-forme adossée à chacun de ses piliers des groupes de fillettes qui ont des gerbes de fleurs, et qui les jettent aux officiers, au passage des voitures, pendant qu'un orchestre joue l'Hymne national de Russie.

L'arc de triomphe du boulevard Saint-Germain.

Le Syndicat du Palais-Royal et la municipalité du premier arrondissement ont organisé dans la galerie d'Orléans une « zakouska » (préface au dîner russe), avec musique et chœurs. M. Crestot, président
du Syndicat, félicite l'amiral, au nom de tous les commerçants, et le
prie d'agréer pour le Cercle de la marine de Cronstadt, en souvenir de la
visite de l'escadre russe en France, la *Renommée* de M. Coutant et pour
lui une corbeille de fleurs que présente une jeune fille. L'amiral embrasse

BOULEVARD SAINT-GERMAIN. — Fillettes jetant des fleurs.

la jeune fille, remercie M. Crestot, et, un verre de champagne en main,
crie d'une voix tonnante : Vive le Palais-Royal ! Vive Paris ! Et les chœurs
et l'orchestre exécutent la *Marseillaise* et l'Hymne russe. Le cortège gagne
le Cercle militaire par la rue de Rivoli, la place Vendôme et la rue de la
Paix. Le comité de cette rue a fait de sa décoration nocturne une nouvelle merveille de goût. Des guirlandes de ballons multicolores se
déroulent en festons et astragales le long des mâts et des vergues ; franchissent, comme des lianes de forêts vierges, la chaussée ; courent, en
arceaux, le long des trottoirs. Toutes les maisons sont illuminées
de rampes de gaz et d'électricité. Les magasins, les ateliers, les hôtels
ont un éclairage de fête. Dans cette lumière éclatante s'avivent les couleurs des drapeaux, des oriflammes et des pavillons. Aux balcons et

aux fenêtres, des nuées de jeunes filles, que la griserie de la lumière, du bruit et de l'enthousiasme rend encore plus jolies, plus pimpantes, agitent leurs mouchoirs et envoient des baisers. Les officiers russes ne saluent plus; ils applaudissent et acclament les Parisiennes. Cinquante mille personnes attendent sur la place de l'Opéra leur retour. Quand on aperçoit les premiers cavaliers de la Garde républicaine, on

A L'HÔTEL DE VILLE. — Le soir du bal.

commence la *Marseillaise*. Et une explosion continue de cris de : Vive la France ! Vive la Russie ! Vive le Tsar ! Vive l'amiral ! en accompagnent le refrain.

Le soir, la municipalité couronne cette journée magnifique par un grand bal à l'Hôtel de Ville. Mais les officiers russes n'y font qu'une courte apparition, sans prendre part aux danses. L'empereur de Russie, en apprenant la mort du maréchal de Mac-Mahon, grand cordon de l'ordre de Saint-André, a décrété un deuil de cour; et le gouvernement français décidait qu'à partir de ce jour jusqu'au lundi 30 octobre, toutes les fêtes officielles publiques seraient suspendues.

Le dimanche suivant, le peuple de Paris donne au monde l'incom-

parable spectacle de deux millions d'hommes interrompant instantanément leurs manifestations de joie et d'enthousiasme, pour se ranger

Aux Funérailles du maréchal de Mac-Mahon. — Les délégations étrangères.

avec respect sur le passage d'un cercueil. La délégation de l'escadre

D'après photographie instantanée Mackenstein.

Aux Funérailles du maréchal de Mac-Mahon. — Les officiers russes.

russe assistait, l'amiral Avellan en tête, aux funérailles nationales de
l'ancien Président de la République. L'Italie s'y était fait représenter

officiellement par un général qui suivait le cortège en grand uniforme. Au nom de l'empereur Guillaume II, l'ambassadeur d'Allemagne avait déposé sur le char une couronne à ses armes. Pas un cri n'est sorti de l'immense foule, frémissante d'émotion, mais recueillie, silencieuse et fière.

D'après phot. instant. Mackenstein.

AUX FUNÉRAILLES DU MARÉCHAL DE MAC-MAHON.

Groupe d'officiers. — L'amiral Avellan.

RÉCEPTIONS OFFICIELLES
ET PRIVÉES

Pendant la « Grande Semaine russe », — comme les Parisiens appellent aujourd'hui la période de temps passée au milieu d'eux par la délégation de l'escadre, — ministres, cercles et associations artistiques offrent, à l'amiral et à ses officiers, des fêtes et des réceptions. Chacune, officielle ou privée, revêt par le décor une physionomie diverse et spéciale, toujours originale et pittoresque ; seuls, l'accueil et les discours ne varient point dans les expressions éloquentes de sympathie cordiale et dans l'affirmation énergique des sentiments pacifiques des deux nations.

Menu de banquet dessiné par Rochegrosse.

A peine arrivés à Paris, après avoir accompli leurs devoirs religieux par la cérémonie d'action de grâces à l'église de la rue Daru, les officiers russes s'empressaient d'aller présenter leurs hommages au Président de la République. Pendant le trajet du Cercle militaire à l'Élysée, ce n'est qu'une longue ovation, aussi chaleureuse que celle de la matinée. A quatre heures précises, le cortège fait son entrée au palais de la Présidence. M. le baron de Mohrenheim, ayant à ses côtés MM. de Giers, Na-

« Da sdrastvouïet Rossiïa ! » (Vive la Russie !)
(Croquis de Mars.)

rischkine, Swetchine, le général baron Fréedéricksz et le lieutenant de vaisseau Bher, attendait les officiers dans un des salons du rez-de-chaussée. Au bas du perron, le colonel Dalstein, M. Mollard, chef adjoint du Protocole, et le capitaine Noël, commandant militaire du palais, reçoivent la délégation de l'escadre russe, l'ambassadeur, et les conduisent dans le grand salon doré du premier étage, où doivent avoir lieu les présentations. Le Président de la République a à ses côtés MM. Develle, ministre des Affaires étrangères; l'amiral Rieunier, ministre de la Marine; le général Borius, secrétaire général de la Présidence; les officiers de la maison militaire, les colonels Chamoin, Pistor et Courtès-Lapeyrat, M. Tranchau, chef du secrétariat particulier de la Présidence, ainsi que MM. François et Delaroche, attachés au cabinet de M. Develle. M. le baron de Mohrenheim présente à M. Carnot le commandant de l'escadre, qui, après s'être incliné respectueusement devant le chef de l'État, lui dit :

Breloque
franco-russe.

J'ai l'honneur, monsieur le Président de la République française, de vous apporter mes hommages les plus respectueux, ceux de l'escadre que je commande et de la marine russe tout entière.

A ces paroles, M. Carnot a répondu :

Je vous remercie, monsieur l'ambassadeur, de m'avoir présenté M. l'amiral Avellan et MM. les officiers de l'escadre russe.

J'avais confié à M. le ministre de la Marine la mission de leur porter mes souhaits de bienvenue à leur entrée dans les eaux françaises, à leur arrivée sur notre territoire. Je suis heureux de pouvoir aujourd'hui renouveler ces souhaits en personne.

On vous a, Messieurs, exprimé à Toulon toute la sympathie du gouvernement français. Les populations que vous avez traversées vous ont dit celles de la nation tout entière. Partout vous trouverez le même accueil chaleureux et cordial.

Les liens d'affection qui unissent la Russie et la France, resserrés, il y a deux ans, par les manifestations touchantes dont notre marine a été l'objet à Cronstadt, sont chaque jour plus étroits, et le loyal échange de nos sentiments d'amitié doit inspirer à tous ceux qui ont à cœur les bienfaits de la paix confiance et sécurité.

Le grand Empereur qui vous envoie, Messieurs, et que je salue d'ici, vous a confié une haute mission que vous savez dignement remplir.

Soyez les bienvenus !

Le Président de la République et l'amiral Avellan engagent ensuite une conversation d'un caractère familier, qui dure un quart d'heure ; et la réception prend fin par le défilé de tous les officiers, auxquels M. Carnot serre cordialement la main. Le secrétaire général de la Présidence faisait aussitôt parvenir au Cercle militaire les invitations pour le dîner du soir et pour le bal qui devait suivre ; et, sur la proposition du ministre des Affaires étrangères, M. Carnot signait une série de décrets conférant à l'amiral Avellan la dignité de grand-officier de la Légion d'honneur, le grade de commandeur au contre-amiral Skriloff et à M. de Giers, conseiller de l'ambassade de Russie ; la rosette d'officier à dix capitaines de vaisseau et de frégate, et le ruban de chevalier à deux capitaines de frégate, dix-huit lieutenants de vaisseau, six ingénieurs et trois médecins. Après la cérémonie de l'Élysée, les officiers de l'escadre russe rendaient successivement visite au président du Sénat, au président de la

Broche-souvenir.

Chambre des députés, au président du Conseil, ministre de l'Intérieur, au ministre des Affaires étrangères, au ministre de la Guerre et au ministre de la Marine. A l'hôtel de la rue Royale, ils étaient l'objet d'une charmante manifestation. Un des employés offrait à l'amiral, au nom de tous ses camarades de l'administration centrale de la marine, une corbeille de fleurs.

Pour le dîner en l'honneur de l'escadre russe, l'Élysée a illuminé comme aux fêtes nationales. En raison du nombre des couverts, la table est dressée dans la grande Galerie nouvellement restaurée, et que décorent luxueusement pour la circonstance des plantes rares, des fleurs, des statues de marbre et de bronze et des pièces de céramique de haut prix. Quand le Président de la République et l'amiral Avellan font leur entrée, la musique de la Garde républicaine joue la *Marseillaise*. M. Carnot porte en sautoir le grand-cordon de l'ordre de Saint-André.

Au dessert, le Président de la République se lève et dit :

Je porte la santé de Sa Majesté l'empereur Alexandre III ; je me permets d'associer respectueusement à cette santé celle de Sa Majesté l'Impératrice de Russie.

Je bois à la brave marine russe, dont les représentants sont ici les bienvenus.

A sa vaillante sœur l'armée de terre,

Et à la nation russe tout entière.

La musique de la Garde républicaine joue l'Hymne russe, que tous les convives écoutent debout; et M. de Mohrenheim répond :

Monsieur le Président,

Avant de porter un toast destiné à faire vibrer dans leurs plus intimes profondeurs, non seulement les cœurs réunis dans cette enceinte, mais également et tout aussi fort tous ceux qui, de près ou de loin, sur tous les points de ce grand et beau pays de France, comme de la Russie entière, battent en ce moment à l'unisson des nôtres, je viens vous prier de vouloir bien me permettre de vous faire agréer l'expression de notre profonde gratitude pour les paroles de bienvenue qu'il vous a plu d'adresser ce matin au vaillant commandant de notre escadre, chargé, par Sa Majesté l'Empereur, de la mission flatteuse de rendre à la vôtre la visite de Cronstadt.

Au bal du palais de l'Élysée.
(Croquis de Mars.)

Ces paroles ont caractérisé, avec la haute autorité qui vous appartient, la véritable signification et la portée exacte de ces magnifiques fêtes de la paix, célébrées avec une si remarquable unanimité et une loyauté et une sincérité si parfaites.

Aussi, par quelle manifestation plus éclatante pourrions-nous mieux nous y associer et y répondre que par le cri également unanime, également loyal et également sincère de : « Vive le Président de la République française ! »

Ce toast vibrant, par lequel le représentant du Tsar détermine avec précision le caractère de la visite de l'escadre en France, cause une vive sensation; il fera, pendant le bal qui va suivre, de même que l'entrée triomphale des officiers russes, le sujet de toutes les conversations.

Après l'exécution de la *Marseillaise,* les convives quittent la Galerie des
fêtes et se rendent dans les salons du premier étage. A dix heures commençait le bal, qui a duré jusqu'à deux heures du matin.

Le lendemain, l'amiral Avellan et les officiers supérieurs de l'escadre,
continuant la série de leurs visites officielles, se rendaient, avec une
escorte de cavalerie, à l'hôtel du gouverneur militaire de Paris, au palais
de la Légion d'honneur, à l'Hôtel de Ville et au ministère de la Marine,
chez l'amiral Gervais. Partout, sur leur passage et à leur arrivée, on leur
fait des ovations. Aussitôt qu'apparaissent quelque part les cavaliers
de l'escorte, se forment instantanément des groupes, qui crient avec
entrain : Vive la Russie! vive l'amiral! et, à la sortie de chaque palais
ou hôtel, c'est une véritable foule qui les acclame. Ce phénomène de
génération spontanée de spectateurs enthousiastes stupéfie nos hôtes
autant qu'il les charme. Le carrefour de l'avenue de l'Opéra, des rues
de la Paix et du Quatre-Septembre est la permanence des manifestants.
Des milliers de personnes y stationnent constamment, les yeux fixés sur
le Cercle militaire, guettant l'apparition d'une casquette blanche ou d'un
bicorne marin. A l'heure de midi, toutes les jeunes filles des innombrables ateliers de couture et de modes du quartier font irruption,
bruyantes, rieuses et coquettes, rendant la foule plus pétulante et plus
impétueuse encore. On ne déjeune plus : « on veut voir les Russes ».

Le départ pour l'ambassade de Russie rappelle les démonstrations
de la veille. La population tout entière a au cœur l'émotion vibrante de
l'arrivée de la délégation que tous les journaux du matin décrivent sur les
modes les plus lyriques, et il semble qu'elle veuille énergiquement prouver
à ses hôtes que ce n'était point là une heure d'emballement, mais bien
l'expression sincère et réfléchie de sentiments très profonds. Un comité
s'est formé dans le quartier Saint-Thomas-d'Aquin pour la décoration
spéciale de la rue de Grenelle; des membres de la colonie russe ont fait
tendre, en face de l'ambassade, une immense bande d'étoffe aux couleurs nationales, portant l'inscription : Vive la Russie ! vive notre chère
patrie ! Quand les voitures arrivent dans cette rue, de toutes les fenêtres
tombe une pluie de fleurs coupées et de bouquets, et l'on crie : Vive la
Russie ! vive la marine russe ! Les officiers se lèvent et répondent aux
vivats par des saluts, par des baisers, en agitant leurs casquettes blanches.

A l'entrée de l'hôtel, une jeune fille, d'une rare beauté, présente à l'amiral un bouquet, au nom du quartier de Saint-Thomas-d'Aquin ; l'amiral l'embrasse, et la foule applaudit cette scène gracieuse. La grande cour de l'ambassade de Russie est un parterre de verdure et de fleurs. Les valets de pied en livrée de la maison de Mohrenheim, perruque poudrée, habit blanc à la française, à passementeries et aiguillettes or et bleu, culotte de satin bleu et bas de soie rose, font la haie sous la marquise et dans le vestibule. M. de Mohrenheim adresse à ses compatriotes une courte allocution pour leur souhaiter la bienvenue, puis il les conduit dans le salon d'honneur du rez-de-chaussée, où une table de cent vingt couverts a été dressée. Les invités, en dehors de la délégation et du personnel de l'ambassade, sont : MM. Dupuy, président du Conseil ; Develle, ministre des Affaires étrangères ; Loizillon, ministre de la Guerre ; l'amiral Rieunier, ministre de la Marine ; Delcassé, sous-secrétaire d'État aux Colonies ; l'amiral Gervais ; De Boisdeffre, major général ; le général Saussier, gouverneur militaire de Paris ; le général Borius, secrétaire général de la Présidence de la République ; le général Chanoine, président du Cercle militaire ; le comte de Montebello, ambassadeur de France en Russie ; le comte de Bourqueney, directeur du Protocole ; Armand Mollard, sous-chef du Protocole ; Humbert et Muzet, président et vice-président du Conseil municipal. Une réception brillante suit le déjeuner. A la sortie des officiers, la foule, qui a rompu toutes les haies de gardiens de la paix, entoure et envahit les voitures ; on leur serre les mains, on les embrasse, on leur met dans les bras des gerbes de fleurs. Un accident se produit. Sous la poussée irrésistible des manifestants, quelques femmes sont tombées entre les roues ; les marins se précipitent et les relèvent ; de toutes parts éclatent des tonnerres de bravos et d'applaudissements.

Le soir, le ministre de la Marine et Mme Rieunier offraient, en l'honneur de l'escadre du Tsar, un grand dîner suivi d'un bal. De huit heures à minuit, la foule, massée sur la place de la Concorde et à l'angle de la rue Royale, chante, sans relâche, les deux hymnes nationaux ; et, plusieurs fois, l'amiral Avellan doit se montrer au balcon pour répondre aux acclamations.

Le jeudi, c'est le ministre des Affaires étrangères qui reçoit à déjeuner les officiers russes. Le goût délicat de Mme Develle avait donné

à la décoration de la salle à manger un caractère d'exquise originalité.
Tout autour de la salle, des cartouches soutenaient des trophées, où les
drapeaux des deux nations et de la marine russe mêlaient leurs couleurs.
Les buffets et les consoles disparaissaient sous les fleurs. La table, dressée
en forme de cœur, était couverte de guirlandes où les roses alternaient
avec les œillets et des nœuds de rubans aux couleurs des deux pays.

Photog. Pirou, rue Royale.   A L'AMBASSADE DE RUSSIE.

Chaque bout portait une croix de Saint-André composée de camélias et
de violettes. Devant la fenêtre du milieu, au fond de la salle, se dressait
un buste du Tsar en marbre blanc entouré de verdure.

Au déjeuner du ministère de la Guerre, le jour du Carrousel, les
artistes du Garde-Meuble national, les jardiniers des serres de la Ville de
Paris et les conservateurs du Musée d'artillerie avaient fait de l'hôtel de
la rue Saint-Dominique un palais à la fois militaire et artistique.
A l'entrée du vestibule, décoré comme une salle des gardes d'un manoir,
un superbe chevalier du xv siècle, revêtu d'une armure damasquinée,
se dresse sur un coursier bardé de fer, escorté de quatre hommes
d'armes du commencement du xvi. Il semble recevoir les hôtes du

ministre. Dans le premier salon, dit salon de Carnot, on a placé devant la statue de l'Organisateur de la victoire le portrait de son petit-fils. La grande galerie vitrée a été convertie en salle à manger. Deux hallebardiers du Moyen Age en gardent l'entrée. Du côté des salons, les tapisseries alternent avec les glaces, et celles-ci reproduisent, aux yeux des convives qui lui font face, le jardin de l'hôtel, où l'on a placé, dans la verdure, quatre statues de marbre, le *Réveil,* de Saulot, le *Crépuscule* et l'*Allo Portos !* de Fontaine, et un lion de Barye. Le vitrage est tendu, en haut, de draperies en soie verte brochée d'or, soutenues par une colonnade de bois doré, enguirlandée de feuillage et de fleurs. Aux angles de la galerie, des hommes d'armes font sentinelle, devant des panoplies formées d'armes de prix. Les toasts portés dans ce banquet par le ministre de la Guerre, l'amiral Avellan et l'ambassadeur de Russie aux armées française et russe provoquaient, dans ce milieu presque exclusivement militaire, une profonde sensation.

La Présidence du Conseil, le samedi, donnait une fête non moins originale et brillante. Mme Dupuy avait eu l'ingénieuse idée de convertir le déjeuner en dîner, et d'inviter ainsi à sa table de nombreuses et jolies femmes en costume de soirée. Un plancher était jeté sur la pelouse centrale du jardin, et le Garde-Meuble y élevait une tente pour servir de salle à manger nocturne, sous les feux tamisés de lampes électriques rouges, bleues, blanches et jaunes, dissimulées dans des massifs de verdure et de fleurs. Des draperies de velours rouge frangées d'or encadrent des tapisseries. Partout, il y a des écussons et des drapeaux ; derrière le fauteuil du président du Conseil est un trophée composé de drapeaux nationaux français et russes et de la croix de Saint-André. Une galerie, ornée de tapisseries des Gobelins, représentant les châteaux de Fontainebleau, de Versailles, de Rambouillet et de Compiègne, donnait accès à la salle à manger. Aussi, dans son toast, en réponse à celui du président du Conseil, le commandant de l'escadre russe faisait-il galamment allusion à l'enchantement général causé par cette magnifique décoration.

Le Cercle militaire, enfin, avait tenu à ce que les officiers français et russes eussent le plaisir, dans un souper d'adieu, de vider ensemble, à

Le « Trépied d'or » par P.-V. Galland.
Panneau décoratif offert à l'amiral Avellan par la Manufacture nationale des Gobelins.

Paris, la dernière coupe de vin, comme ils avaient vidé la première. Les modifications apportées au programme officiel par les funérailles du maréchal de Mac-Mahon faisaient avancer ce souper du 24 au 22, après le feu d'artifice du Trocadéro. Quatre cents officiers et personnages officiels y étaient conviés. Dans l'après-midi de lundi, les escaliers, les salles et les salons du Cercle militaire avaient été transformés en bosquets et avenues de verdure et de fleurs, décorés de panoplies, de faisceaux d'armes, d'écussons et d'emblèmes de marine, où un électricien habile, M. Trouvé, semait des fleurs lumineuses et faisait couler des fontaines de feu. Les convives sont répartis en quinze salles, aux premier et deuxième étages. Dans le salon d'honneur, le souper est présidé par le ministre de la Guerre, ayant à sa droite le vice-amiral Duperré et, à sa gauche, l'amiral Avellan ; en face, l'amiral Rieunier, ministre de la Marine, le général Saussier, gouverneur militaire de Paris, et M. Alphonse Humbert, président du Conseil municipal. Viennent ensuite les membres de l'ambassade russe : MM. le baron de Fréedéricksz, de Giers, de Narischkine, comte Tolstoï, Korf, de Schwetchine ; les officiers de marine russes ; le contre-amiral Véron ; les commandants Gourdon et Maréchal ; le capitaine Voiellaud ; les généraux Borius, Davout d'Auerstaedt, Billot, de Boisdeffre, Ladvocat et Ladmirault. Les généraux Derrécagaix, Desbordes, Meunier, Bourdin, Gervais et Lambert président les autres tables. On soupe sabre au côté ; toutes les conversations sont aux prouesses équestres du carrousel, aux merveilles du feu d'artifice et aux splendeurs de l'incomparable fête nocturne de Paris. Au dessert, le général Saussier prend la parole et, d'une voix vibrante, porte un toast à l'armée et à la marine de la Russie, auquel l'amiral Avellan répond en poussant trois hourras en l'honneur de l'armée et de la marine de la France.

Dans les autres salles, les présidents de table lèvent leurs verres au Tsar, à la famille impériale, à leurs camarades des armées du Tsar ; les plus anciens des officiers russes boivent au Président de la République, aux soldats et marins français.

Au programme officiel que le Gouvernement et le Comité de la Presse avaient fait si rempli de fêtes de tout genre, l'initiative privée de journaux, de clubs et d'associations est venue ajouter une série de réceptions intimes, qui n'ont pas été pour les officiers de l'escadre les moindres surprises agréables, dont ils garderont au cœur, sans aucun doute, un vif souvenir, parce qu'ils y ont trouvé un plaisir imprévu et délicat.

Parmi ces réceptions, celle qui devait leur donner particulièrement la jouissance de la grâce parisienne dans sa fleur, par la sélection, dans un cadre délicieux, de tout ce que les théâtres parisiens contiennent de belles, jolies et spirituelles artistes, tragédiennes, chanteuses, comédiennes, divas et divettes, avait été organisée par *le*

Figaro, dans son hôtel de la rue Drouot. Pour garder à la soirée son caractère d'intimité et en faire ainsi une réunion amicale et d'exquise galanterie, au lieu d'être reléguées, suivant l'habitude, derrière le rideau, les artistes, devenues des invitées, avaient été priées de prendre place dans l'assistance, peu nombreuse, mais de grand choix, formée de tout ce qui compte dans l'art, la

A la soirée du *Figaro*.
(Croquis de Mars.)

littérature et la politique : ingénieuse innovation qui a permis aux hôtes du journal, après avoir applaudi le talent de l'artiste et admiré la beauté de la femme, de goûter le charme de son esprit. Ce décameron parisien se composait de Mmes Sarah Bernhardt, Sybil Sanderson, Judic, Théo, Jeanne Granier, Yvette Guilbert, Simon Girard, Samé, Marcelle Lender, Irma Perrot, Gilberte, Perny, Marguerite Deval, Jeanne Lamothe et Litini; Coquelin cadet et Galipaux. Jambon avait brossé pour la scène en miniature un décor et un rideau dignes d'encadrer tant de beautés. Après le concert de l'Hôtel de Ville, à une heure et demie, l'amiral et ses officiers faisaient leur entrée dans l'hôtel. Ils sont reçus, au bas de l'escalier, par M. Francis Magnard et les rédacteurs du *Figaro,* qui les conduisent sans autres cérémonies qu'un cordial compliment de bienvenue, dans le salon où les avaient déjà précédés de quelques instants MM. le baron de Mohrenheim, de Giers, de Kharkof, consul général de Russie, le baron Fréedéricksz, et tout le personnel de l'ambassade de Russie. Le programme est une anthologie artistique, aux œuvres les plus variées, tour à tour lyriques, joyeuses, légères, humoristiques et émues ; un superbe bouquet des fleurs du génie national et de l'esprit parisien, aux couleurs et aux parfums d'une harmonie savante dans les caresses de leurs contrastes. Une indisposition subite de Mme Sarah Bernhardt y provoquait une seule modification ; la grande tragédienne n'a pu dire la *Chanson d'Éviradnus,* au profond regret de tous, avivé par le douloureux motif de la suppression de la poésie superbe d'Hugo, dont on avait tenu à inscrire le nom en tête de cette manifestation littéraire et artistique. L'amiral Avellan et les officiers ne se sont retirés que fort tard dans la nuit, après avoir vidé une coupe de champagne en l'honneur du *Figaro,* déclarant galamment qu'ils emportaient tous une impression ineffaçable d'une fête qui avait été pour eux, pendant ces quatre heures trop rapides, un plaisir constant des yeux et de l'esprit.

Une autre nuit, *le Journal* recevait un certain nombre d'officiers de l'escadre, dans une soirée artistique, amicale, où il était dit des à-propos patriotiques, joué des impromptus, déclamé des poèmes et chanté des chansons.

Le mardi 24, le Cercle de l'Union artistique avait organisé une fête mondaine intime, dont, malheureusement, les visites officielles n'ont pas permis de réaliser tout le programme d'un goût raffiné. Vers cinq heures et demie, les rumeurs de la place de la Concorde annoncent au club de la rue Boissy-d'Anglas l'arrivée du cortège, qui peut difficilement se frayer un passage à travers la foule exubérante. Sur le grand escalier décoré de plantes exotiques et bordé de deux haies de laquais en livrée de gala se tiennent M. de Vogüé, président du Cercle, le Comité et un grand nombre de dames fort jolies et très élégantes. Les officiers russes sont introduits dans la salle d'honneur, tapissée de Gobelins, et garnie à l'entrée de plusieurs trophées de drapeaux disposés en éventail sur des écussons, où sont représentés les divers attributs de la marine. Avec une simplicité spirituelle et aimable, M. le marquis de Vogüé leur souhaite la bienvenue.

Après les présentations des membres du Comité commence une représentation dramatique et musicale. L'orchestre joue en ouverture les *Chasseresses* de Léo Delibes; puis Mlle Bartet, de la Comédie-Française, s'avance près de la rampe et dit ce prologue du marquis de Massa, membre du Cercle :

> Qui je suis? l'UNION ARTISTIQUE. Je viens
> Sans éclats redondants, sans airs olympiens
> Au-devant des amis débarqués sur nos côtes
> Pour leur dire : Soyez les bienvenus, mes hôtes !
> La Politique ici cède le pas à l'Art,
> Mais nous prisons très haut le métier de Jean Bart,
> Et si le vent de mer nous gonfle les narines,
> C'est quand Bogolubof expose ses marines
> Dans cette salle, et fait sur le flot endormi
> Miroiter à nos yeux un pavillon ami !
>
> S'il nous plaît quelquefois de rêver la bataille,
> C'est en peinture, avec les tableaux de Detaille,
> Ce maître accrédité du casque et du képi,
> Depuis les bords du Don jusqu'au Mississipi;
> Mais point de Politique, et, sous toutes ses formes,
> L'Art ici, malgré tout, prime les uniformes,
> Témoins Vogüé qui fut l'apôtre de Tolstoï,
> Et Massenet qui tend l'archet à Troubetzkoï.
> — Vous voyez qu'en nos eaux, à défaut de pilotes,
> Vous n'auriez qu'à choisir dans vos compatriotes,
> Et que loin d'arriver parmi des inconnus,
> Vous mouillez à bon port. Soyez les bienvenus !
>
> Sans rien diminuer du prix que je l'estime,
> Jamais réunion ne fut donc plus intime.
> Vous passiez? Nous avons dit : Entrez. Et plus tard,
> Quand vous retrouverez sous la main, par hasard,
> Dans un coin de cabine ou même à fond de cale,
> Ce programme passé d'une agape amicale,
> Il vous rappellera que Russes et Français,
> Au club des Mirlitons fraternisant en paix
> Et pour boire en commun à leurs destins prospères,
> Ont, au feu de la rampe, entre-choqué leurs verres !

Les officiers témoignent de leur plaisir pour tant de grâce et de cordialité par de vigoureux applaudissements. On entend la *Sévilliana* de Massenet ; et le rideau de la scène s'ouvre sur une pantomime, *Colombine pour deux*, de MM. Henri Amic et Pierre Jorel, que jouent de délicieuse façon Mlles Ludwig, de la Comédie-Française; Félicia Mallet et M. Schutz, du Vaudeville. MM. de Servier de Sauvigny, Gaston Jollivet et le marquis de Massa, ont écrit pour la fête un impromptu, *Ya Wass Lioubliou* ou *l'Hôtel franco-russe,* avec les personnages et les artistes suivants : la marquise de Castelmenu, Mlle Auguez, des Variétés; le

Dessin de J. Béraud
pour le programme de la fête du Cercle
de l'Union artistique.

commandant de Kerenmer, M. Cooper, des Variétés; le gérant de l'hôtel franco-russe, M. Hirsch, du Gymnase; un garçon d'hôtel, M. Félix, de l'Ambigu. C'est un long éclat de rire que cette fantaisie originale, pleine de verve et d'humour, où cependant un chanson, *Cronstadt-Toulon,* en dépit de la gaieté et de l'air populaire de *Ma Gigolette, elle est perdue!* met une note patriotique attendrie.

Après la représentation, un dîner, auquel n'assistaient que les membres du Comité, était servi dans la grande salle à manger. Un buffet avait été dressé au rez-de-chaussée pour les membres du Cercle et pour les invités.

Les autres grands cercles parisiens, qui, dès leur arrivée, admettaient spontanément les officiers russes, avaient également manifesté le désir de posséder quelques instants leurs nouveaux membres temporaires; et l'amiral Avellan s'était empressé de déférer à ce témoignage expressif de la sympathie de la haute société parisienne.

Au Jockey-Club, M. le duc de Doudeauville, président, accueillait le chef de l'escadre et sa suite par la bienvenue la plus gracieuse. Dérogeant à ses habitudes de simplicité et d'abstention de toute manifestation publique, le Cercle avait fait pavoiser brillamment ses salons, sur la rue Scribe et sur le boulevard des Capucines, de drapeaux français et russes. En quittant le Jockey-Club, l'amiral Avellan et ses officiers, accompagnés de M. de Giers et de M. le duc de Morny, se rendaient au Cercle de la rue Royale. Le général comte Friant, président, les recevait au nom

du Comité, avec MM. Cabrol, le marquis de Tanlay, le marquis de Massa
et Tarbé des Sablons. Après les présentations des sociétaires et une promenade dans les salons, on goûtait ; et, levant son verre de champagne,
le général Friant portait un toast à l'Empereur, à l'Impératrice et à la
famille impériale de Russie.

La Société d'encouragement à l'escrime a voulu faire à l'escadre les
honneurs d'un grand Assaut avec les plus habiles tireurs de Paris, civils
et militaires. La salle du Zodiaque du Grand Hôtel, en raison de ses
dimensions, avait été choisie pour cette fête, dont l'idée ne pouvait que
plaire à des officiers ; mais, la date coïncidant avec la veille des funérailles
du maréchal de Mac-Mahon, et le samedi et le dimanche ayant été pro-
clamés jours de deuil officiel, tous les préparatifs de caractère extérieur
durent être supprimés ; et, mû par un sentiment de délicatesse, l'amiral
s'empressait de décliner toute réception. Il fut décidé que quelques officiers
seuls assisteraient à la fête entière, et que l'amiral et les commandants de
vaisseaux ne se rendraient au Grand Hôtel qu'après l'exécution de la
première partie du programme, pour donner à leur visite un caractère
d'intimité. M. de Villeneuve présidait, ayant à ses côtés les généraux
Gervais, Brunet, Robillot, Henrion, Berthier et Godard. De nombreuses
dames avaient accepté des invitations. Les vingt parties, marquées par
de fort beaux coups et par des passes très brillantes, obtenaient un vif
succès, surtout celles à l'épée de combat et au sabre, d'une maîtrise
d'armes superbe. Au milieu de la fête, un incident imprévu produit une
vive joie. Le président recevait la dépêche suivante :

Saint-Pétersbourg, 8/21 octobre.

Les officiers russes, amateurs d'escrime, réunis aujourd'hui à la salle d'armes de
Saint-Pétersbourg, transmettent à l'unanimité leurs salutations à tous les tireurs
prenant part à l'assaut du Grand Hôtel et l'expression de leur vive sympathie pour
leurs collègues de France.

La lecture de cette dépêche est accueillie par les cris de : Vive la
Russie ! vive le Tsar ! qui redoublent de vigueur lorsque M. de Villeneuve
propose de répondre par ces simples mots, laconiques mais éloquents :

A votre si sympathique dépêche, nous répondons par le cri du tireur atteint en
plein cœur : Touché !

DE VILLENEUVE.

Après la séance, le champagne était offert aux officiers russes et l'on buvait chaleureusement aux armées et aux tireurs des deux nations.

Le 24 octobre, dans la matinée, un groupe de dix officiers s'est rendu à Versailles pour faire honneur à l'invitation de la municipalité de cette ville. La Compagnie des chemins de fer de l'Ouest avait organisé un train spécial. A la gare Duplessis, la délégation était reçue par le préfet de Seine-et-Oise, le Conseil municipal, le président du Conseil général, les députés et les sénateurs du département. Le maire de Versailles, M. Lefebvre, souhaite la bienvenue aux officiers russes, que des landaus conduisent au palais, au milieu d'une foule enthousiaste, à travers les rues et les boulevards pavoisés. Ils visitent les galeries et le parc où jouent les grandes eaux. Un lunch leur était servi ensuite à l'hôtel de ville; le préfet et le maire y portaient des toasts à la Tsarine et au Tsar. La promenade à Trianon avait dû être rayée

A VERSAILLES.
Défilé du cortège dans le Parc.

du programme, au grand regret de tous, en raison du peu de temps que la délégation pouvait consacrer à cette visite hâtive. A une heure et demie, les marins quittaient Versailles, accompagnés à la gare par la municipalité et par toute la population.

Admirables de courtoisie et de résistance aux fatigues, les hôtes de Páris répondent avec empressement à la plupart des invitations privées qui leur sont adressées; et ils prennent eux-mêmes l'initiative de faire des visites aux personnages éminents qu'ils n'ont pu saluer pendant les fêtes publiques. L'amiral Avellan a tenu à honneur de se présenter officiellement chez le maréchal Canrobert. Ce témoignage de déférence de la part du commandant de l'escadre à l'égard du soldat de Sébastopol constituait un acte public, qui, par son caractère et sa portée, devait causer dans le peuple une vive sensation. Avec la participation des officiers russes aux funérailles du maréchal de Mac-Mahon, il a été l'affirmation éclatante des sentiments des deux nations sur la guerre de Crimée, cette guerre de chevalerie moderne, qui n'a laissé aux vaincus et aux vainqueurs que des souvenirs d'estime et d'admiration mutuelles. L'amiral était accompagné de ses aides de camp et des commandants de vaisseaux. Le maréchal Canrobert avait près de lui le colonel Avon, sous-chef d'état-major de la place, le capitaine de Quercize, son aide de camp, et son gendre, le lieutenant de vaisseau de Navacelle. Le maréchal portait son grand uniforme, sur lequel était passé le grand cordon de l'ordre de Saint-André. L'entrevue a été une causerie familière entre le maréchal et l'amiral, sur la Russie et la France, sur la guerre de Crimée et la campagne des armées russes dans les Balkans et aux bords du Danube. Le maréchal a déclaré que c'était à Sébastopol qu'il avait appris à apprécier le courage, l'énergie et l'héroïsme des Russes; qu'il avait commencé à les estimer et à les aimer. Il a ensuite rappelé l'amitié étroite qui l'a uni à plusieurs ambassadeurs de Russie et surtout au prince Orloff. « D'ailleurs, a-t-il ajouté, l'empereur Alexandre II a bien voulu m'honorer de son estime, ainsi que le prouve son buste qu'il m'a offert et que vous voyez dans mon salon. » L'amiral a vivement remercié le maréchal des sentiments qu'il exprimait pour l'armée russe, de ses vœux pour la prospérité de l'Empire, ajoutant fort aimablement que s'il est trop jeune pour avoir pu constater lui-même la valeur du maréchal à Sébastopol, depuis longtemps la popularité de son nom en Russie et les jugements des historiens et des vieux hommes de guerre russes ont fait pour lui de Canrobert une des grandes figures héroïques du siècle.

A Moscou, l'amiral Gervais et les officiers de l'escadre française avaient été reçus solennellement à l'entrée de la vieille cathédrale du Kremlin par le métropolite et le haut clergé. A Paris, les officiers russes ont voulu offrir leurs hommages au plus haut dignitaire de l'Église de France, le cardinal-archevêque de Paris. En sortant du déjeuner du ministère des Affaires étrangères, l'amiral, tous les commandants de vaisseaux et M. le comte Tolstoï se rendaient au palais archi-épiscopal, escortés par un peloton de cavaliers de la Garde républicaine. Pendant l'audience, Son Éminence a exprimé avec émotion la joie qu'il éprouvait en recevant les représentants de la grande nation russe et leur a dit toute la part qu'il prenait, ainsi que son clergé, à la manifestation patriotique si imposante de Paris et du pays tout entier, déclarant reconnaître, dans cette cordiale et patriotique union des deux peuples, une bénédiction de Dieu, un gage de paix et de sécurité pour l'Europe. Le lendemain, le cardinal-archevêque ordonnait qu'il fût chanté dans toutes les églises de Paris et du diocèse, et spécialement dans la basilique du Sacré-Cœur de Montmartre, sous sa présidence, un *Te Deum* solennel, en témoignage d'allégresse des catholiques français pour la visite de l'escadre russe. A la nouvelle de cette décision, l'Empereur de Russie chargeait M. de Mohrenheim de transmettre au cardinal Richard l'expression de ses remerciements.

Entre deux réceptions officielles et deux banquets, les officiers russes visitent les magasins du Louvre et le musée Grévin, où on les comble de fleurs et de présents ; parcourent l'Exposition internationale du progrès, etc., se font photographier chez Carpin-Marius, Nadar et Chalot-Camus.

A VERSAILLES. — Sur la place d'Armes.

AU CARROUSEL. — Salut à l'étendard !

LES FÊTES POPULAIRES

LE CARROUSEL. — LA FÊTE NAUTIQUE
LE BANQUET DE LA PRESSE. — LE FEU D'ARTIFICE
LES ILLUMINATIONS

AU CARROUSEL.
La présentation des anciens étendards.

LE lundi 23 octobre a été la grande journée, dont Paris conservera un éternel souvenir, pour l'immense joie patriotique dont elle a été remplie, et tant les fêtes diverses qui en composaient le programme, fête militaire, fête nautique et fête nocturne, ont eu d'éclat et excitèrent l'admiration unanime de la population et des délégués de la Russie.

Dès le matin, un clair et chaud soleil d'automne met la ville en gaieté. Les ateliers et les magasins sont fermés ; les maisons reçoivent de nouveaux pavoisements. On accroche à travers les rues, dans les arbres, aux devantures et dans les fenêtres, les lanternes vénitiennes et japonaises, les ballons orangés, les guirlandes de verres des illuminations, qui mettent partout des féeries de décoration et de couleur, comme Rubens, Véronèse et Tiepolo n'en rêvèrent pas pour les entrées triomphales, pour les noces du Doge et de l'Adriatique, pour les cortèges d'empereurs et de rois. De toutes les collines, de tous les faubourgs, de toutes les banlieues; par les tramways, par les bateaux, par les omnibus, par les chemins de fer, en fiacres, en chars à bancs, en breacks, en tapissières, au moyen des équipages hétéroclites qu'on ne fait sortir qu'aux Grands Prix et aux revues de Longchamps, affluent vers les grands boulevards des centaines de mille d'étrangers, de provinciaux, de suburbains et de Parisiens, qui veulent, à la première heure, venir saluer les Russes et leur donner une aubade nationale d'acclamations. L'apparition des officiers au balcon du Cercle militaire, leurs remerciements, leurs sourires, les baisers galants qu'ils envoient aux femmes, provoquent des tornades, des cyclones de cris, de vivats et de hourras. Quand ils sortent en corps, l'amiral à leur tête, pour se rendre au ministère de la Guerre, où ils doivent déjeuner, l'escadron de cavalerie de leur escorte a peine à se frayer un passage à travers la foule délirante, qui, sans souci des accidents, se précipite contre les landaus. Les hommes leur serrent la main; les femmes les embrassent et les couvrent de fleurs. Les sociétés de gymnastique et de tir de France, réunies sous le commandement général du colonel Derué, ont préparé aux représentants de la marine russe et de l'armée française, à la sortie de l'hôtel du ministère, une haie triomphale, de la rue Saint-Dominique à l'avenue Rapp. C'est entre deux rangs de jeunes gens enthousiastes qu'ils gagnent l'École militaire pour les présentations officielles des officiers des régiments de Paris et de Versailles; et, ensuite, la Galerie des Machines pour le carrousel.

Au centre de l'immense enceinte de la Galerie, véritable champ de manœuvres, dont le ciel de verre est pavoisé de drapeaux, d'oriflammes et de bandes aux couleurs éclatantes, a été établie la « carrière » du carrousel, qui présente un rectangle de cent cinquante mètres de long sur soixante de large. Sur le côté ouest, devant la Galerie de Trente Mètres, se dressent les tribunes officielles et la tribune d'honneur, somptueusement décorée de tentures de velours à crépines d'or, de plantes et de fleurs. En face, une vaste tribune est réservée aux officiers supérieurs de terre et de mer, aux fonctionnaires de haut rang; à droite et à gauche prennent place sur des gradins les officiers secondaires. Les galeries supérieures, de l'avenue de Suffren à l'avenue Rapp, contiennent le public invité, les sous-officiers de l'armée et les élèves des écoles militaires. Il y a là vingt mille personnes, qui forment à l'édifice une corniche colorée et vivante de têtes humaines. Les officiers russes, accompagnés du gouverneur militaire de Paris, de son état-major et des chefs de l'armée, font leur entrée à la porte de l'avenue Rapp. De la carrière, l'amiral Avellan salue le Président de la République, debout sur le devant de la tribune d'honneur; les musiques militaires jouent la *Marseillaise*.

Le carrousel est ouvert. Entrent quatre pelotons de cavaliers de toutes armes, cuirassiers, dragons et chasseurs, qui vont exécuter les exercices équestres inscrits au programme. Ils se forment en rang, face

Au Carrousel. — Charge en ligne.

au Président de la République. Les cuirassiers du 1er et du 2e régiment tiennent la droite, commandés par le lieutenant de Saint-Senne; le deuxième groupe a été formé par les 27e et 28e dragons, armés de la lance, sous les ordres du lieutenant de Sesmaisons; viennent ensuite les chasseurs du 5e régiment, dont les lieutenants Kiss de Nemesker et d'Ideville ont reçu la direction. Le capitaine Costa de Beauregard est le chef supérieur de ce brillant escadron, dont les allures martiales provoquent les applaudissements. Une sonnerie éclate, claire et joyeuse. Par la barrière de l'avenue de Suffren débouchent les trompettes du 4e régiment de chasseurs. Ils sont précédés du timbalier historique des anciens régiments de cavalerie, l'uniforme azur bariolé, aux chevrons rouges et blancs, la pelisse flottante sur les épaules et la tête couverte de la toque empanachée. Les « tabliers » aux couleurs azur et écarlate, brodés d'or et d'argent, ornent les trompettes.

Le lieutenant d'Ideville présente au Président de la République, à l'amiral et au général Saussier, les étendards anciens du régiment, qui ont été offerts, en 1887, à son chef, le colonel Donop, aujourd'hui général, par les femmes de ses officiers ; étendards que portent des cavaliers revêtus des uniformes de l'arme, correspondant à chaque période des transformations. En tête chevauche fièrement un arquebusier de Grassin, qui date de 1744. L'habit et la soubreveste à la française bleu de roi, avec fourniment en cuir fauve et le haut bonnet de feutre de houzard, dénommé populairement le mirliton, lui donnent une piquante originalité. Suivent un fusi-

AU CARROUSEL.
Volontaire du Hainaut (1757.)

lier de Lamorlière (1745) en habit marron ; un volontaire breton (1746) au dolman bleu et à la pelisse brune ; les volontaires de Flandres (1749), d'Austrasie (1756) et du Hainaut (1757), que font remarquer pittoresquement la perruque poudrée à cadenettes, et le casque d'houlan à boucle basse, enturbanné de peau de tigre et surmonté d'un cimier doré. Viennent, après eux, quatre dragons, dits de Chartres, d'Orléans, de Condé et de Bourbon, de l'année 1776, également en perruque poudrée, à boucles enrubannées à la catogan, et dont les habits à la polonaise à longue basque, à revers en pointes, de nuances rose desséchée, sont de la tournure la plus élégante. Un chasseur des Vosges de 1784, tout jaune citron, précède un 9ᵉ chasseur (1792). L'uniforme légendaire de ce dernier, — le frac-dolman vert soutaché de blanc, largement ouvert sur une veste de même ton, la culotte verte à la hongroise, le casque de cuir bouilli aux larges et brillantes garnitures de cuivre doré, avec la chenille noire, — fait passer dans la foule un long murmure de sensation, en évoquant le souvenir glorieux de Valmy. Puis, c'est le chasseur impérial de Marbot (1805), si étrangement costumé : habit-veste vert à parements rouges, plastron polonais et haut kolback à flamme écarlate. A côté de lui défilent les chasseurs de 1814 et de 1816, dont les uniformes dérivent du chasseur impérial, avec quelques modifications de parements et de coiffure. Le 4ᵉ chasseurs de 1831 caractérise, d'une façon qui paraît fort singulière aujourd'hui, le règne troubadour de Louis-Philippe, avec le shako tromblon de couleur garance, le pantalon rouge basané très haut et le frac vert à collet garance. La République de 1848 montre le kolback et l'uniforme orange de cette arme ; et le chasseur du second Empire, avec le sapack d'astrakan noir à aigrette verte et rouge, le spencer vert bouteille et le pantalon garance à doubles bandes vertes, rappelant les charges de Magenta et de Solferino, met une larme d'attendrissement aux yeux de plus d'un spectateur. Au passage de chaque type devant la tribune d'honneur, une sonnerie de trompettes « au drapeau », conforme

AU CARROUSEL. — Pas espagnol exécuté par les officiers instructeurs de l'École de guerre.

à la musique du temps, complète la restitution historique. Le cavalier parcourt ensuite au petit galop le bord de la carrière, afin d'être vu par tout le monde, et prend place au centre. Le défilé général terminé, le porte-drapeau du 4ᵉ régiment de chasseurs actuel arrive et entre dans le cercle formé par les ancêtres. Tous les drapeaux anciens s'inclinent devant l'étendard de la République française. Alors, de chaque côté de la carrière où ils s'étaient retirés, accourent, sabre au clair et à fond de train, les cuirassiers, les dragons et les chasseurs, et ils entourent les porte-drapeaux. Les musiques jouent la *Marseillaise*. Devant cette cérémonie symbolique, d'un caractère si grandiose, l'assistance tout entière se dresse frémissante d'émotion patriotique et d'une seule voix, à la vibration intense, crie : Vive la France ! vive l'armée !

Les quatre pelotons de cavaliers commencent les exercices. C'est d'abord le « travail par quatre », auquel succède le galop, puis « le double colimaçon » qui enroule et déroule ses spirales rapides, auxquelles succèdent vertigineusement les « doublés », les doubles voltes renversées et le déboublement par un sur quatre cercles. L'aisance, l'entrain et l'habileté de l'escadron provoquent à chaque figure nouvelle des applaudissements chaleureux. Saumur, sous la direction du commandant de Canisy, et l'École supérieure de guerre, ayant à sa tête le commandant de Vaulogé, font leur entrée, acclamés énergiquement : on adore ces incomparables écuyers au populaire chapeau à la française posé en bataille. Après la haute école, au pas, au trop et au galop, les sauteurs en liberté excitent la joie par les ruades, les voltes et les sauts de mouton, d'une violence et d'une fantaisie qui mettent en relief la fermeté et la souplesse des cavaliers. Des officiers de la 1re division de cavalerie indépendante exécutent ensuite les courses de haies par un, par deux, par quatre, par huit, par seize et par trente-deux, où l'on admire fort la hardiesse et la précision à aborder et à franchir les obstacles. La dernière partie du programme donne aux hôtes de l'armée parisienne le spectacle de l'illusion d'un combat. Le capitaine Costa de Beauregard a rallié son escadron. Après quelques brillantes manœuvres de quadrilles d'une adresse rare, il donne l'ordre aux trompettes de sonner la mêlée. Les rangs se rompent ; les soldats se heurtent ; les sabres frappent les lances. Le cliquetis des armes, les cris des combattants et les hennissements des chevaux enlevés à coups d'éperons, forment un tumulte épique, qui donne l'image saisissante d'un coin de champ de bataille. Sur un nouveau commandement, tous les cavaliers, d'un seul bond, se jettent tête en avant. C'est alors une chevauchée qui se précipite autour de la piste en une course vertigineuse, jetant la palpitation du danger dans tous les cœurs féminins. Mais le chef a levé haut son sabre : tout s'arrête, et l'escadron se trouve, comme par magie, reformé instantanément en lignes paisibles et régulières de troupe au repos. Nouvelle fanfare aux notes rapides et aiguës. « En avant, en bataille, chargez ! » crie l'officier en tête de ses hommes ; et les quatre pelotons, sabres pointés au premier rang, brandis en l'air au second et les lames abaissées sur les flancs, « foncent en muraille », ventre à terre, et s'arrêtent, figés par l'ordre strident de halte, à moins de cinq mètres des tribunes, anxieuses de cette trombe, qui, dans la réalité de la guerre, aurait tout broyé. Des tonnerres de hourras éclatent de partout. La musique joue l'Hymne russe, la *Marseillaise;* et les cris de : Vive la France ! vive la Russie ! en rythment puissamment les strophes et le refrain que l'assistance chante en chœur.

A PARIS. — LA PLACE DE L'HÔTEL-DE-VILLE, LA NUIT DU BAL.

L'armée de Paris a offert à ses hôtes la plus belle fête de la « Grande journée.».

Pendant que le Président de la République rentre à l'Élysée, l'amiral Avellan et les officiers russes sont conduits, à travers une double haie de spectateurs du carrousel et de promeneurs du Champ de Mars, qui les acclament, au ponton du panorama de la Compagnie transatlantique, où ils s'embarquent à bord de trois yachts à vapeur, l'*Almée,* l'*Olbie* et le *René,* pour assister à la fête nautique. L'amiral Lagée, président de l'Union

Au Carrousel. — Sauts d'obstacles par les officiers.

des yachts français, qui a arboré son pavillon à bord de l'*Almée,* souhaite la bienvenue au chef de l'escadre russe et lui offre une médaille en or frappée au coin de l'Union. Les berges et les quais, sur les deux rives de la Seine, depuis le pont d'Iéna jusqu'au Point-du-Jour, sont couverts d'une foule de plus d'un demi-million d'hommes, d'où partent, au passage de la flottille officielle, suivie par un bateau-orchestre, le *Quand même,* des ovations impétueuses, entrecoupées des détonations des canons des yachts et du jardin du Trocadéro. A quatre heures quarante, l'*Almée,* l'*Olbie* et le *René,* dont les propriétaires, MM. Henri Menier, Le Bertre et Crouan, ont fait princièrement les honneurs à leurs hôtes et aux dames élégantes qui y ont pris place, accostent un vaste bateau-tribune pavoisé. Les invités et les membres de l'Union s'y installent, au milieu d'une pluie de fleurs dont se bombardent gaiement les jeunes officiers et les spectatrices des bateaux et des parapets. Au son de l'Hymne russe, le défilé nautique commence, précipité en raison de l'imminence du crépuscule. Les embar-

17

cations de la Société nationale de sauvetage viennent en tête, suivies par celles des sections de Nogent-sur-Marne, de Meaux, de la Société parisienne de sauvetage, des Sauveteurs de la Marne et de la Société française de sauvetage. Une ovation est faite aux canots de la Société de Trouville. Le drapeau français de l'avant a pour devise *Spes et Virtus;* à sa poupe est arboré le drapeau de la marine russe; et le célèbre Postel, portant sur sa large poitrine la croix de la Légion d'honneur et dix-huit médailles, en commande l'équipage. On voit paraître ensuite une pirogue à huit pagayeurs, une sorte de galère antique à douze rameurs, cinq périssoires et cinq yoles à un rameur sur un rang; dix outriggers à quatre rameurs sur deux rangs; quatre canoës à deux rameurs; sept outriggers à quatre rameurs; quatorze canoës à un rameur; trois yoles à un rameur; cinq outriggers à quatre rameurs; quatre skiffs; deux outriggers à deux rameurs; trois outriggers à quatre rameurs; cinq outriggers à huit rameurs; et des bateaux vélocipèdes. Par suite de la nuit, les vingt-sept yachts qui devaient participer à la fête nautique, et dont la plupart, l'*Iris,* l'*Excelsior,* le *Suffren,* l'*Yvette,* l'*Éclair,* l'*Indus,* la *Miette,* la *Medge* entre autres, sont renommés pour leur belle forme et leur qualité de marche, n'ont pu quitter leur station, au grand regret du Comité et à la déception générale des invités et du public. A six heures, l'amiral et les officiers rallient l'*Almée,* qui les transporte au pont d'Iéna. La foule, pendant les deux heures de la fête nautique, n'a pas abandonné ses positions sur les rives, et salue par des hourras et par des chants le retour de la flottille, qu'illuminent des lanternes vénitiennes et les projections de deux puissants foyers électriques installés sur les tours du Trocadéro; les canons des yachts tirent de nouvelles salves, dont l'écho se répercute bruyamment dans les charpentes de fer de la tour Eiffel.

Le Comité de la Presse a organisé dans la Galerie de Trente Mètres un banquet monstre par souscription. Les demandes se sont élevées au chiffre de trente-deux mille ; et l'on n'en pouvait accueillir que trois mille deux cents ! En dépit de sa monstruosité, le banquet est prêt à l'heure fixée, et son installation réalise toutes les prévisions optimistes du Comité. Brillat-Savarin seul en pourrait gémir, dans son intransigeance des préceptes de « la Physiologie du goût » sur le nombre des convives et la modération des menus. Les souscripteurs ont même été l'objet d'attentions ingénieuses : près de chaque couvert est déposée une branche de myosotis ornée d'un ruban tricolore, qui servira à décorer ceux qui ne le sont pas.

Quand l'amiral Avellan et ses officiers prennent place à la table d'honneur présidée par M. Ranc, président de l'Association des Journalistes républicains, deux musiques militaires jouent l'Hymne russe et la

D'après photog. Nadar.

Les quais de la Seine
pendant la fête nautique.

Marseillaise, que chantent en chœur les convives, en agitant en l'air leurs serviettes. A la table d'honneur figurent les plus hauts personnages civils et militaires : ministres, généraux, amiraux, fonctionnaires, diplomates, etc., invités galamment par la Presse à cette populaire manifestation. Il a été convenu préalablement, pour des raisons diplomatiques, le banquet étant public, qu'aucun discours ne sera prononcé. Au dessert, le président du banquet et le commandant de l'escadre russe se lèvent. M. Ranc, une coupe de champagne à la main, crie : Vive la Russie ! l'amiral Avellan répond : Vive la France ! tous deux choquent leurs coupes et se rasseyent aux applaudissements des convives, pour qui, dans le geste et dans la voix, ces seuls mots ont eu bien plus d'éloquence que de longs discours.

Au fond de la Galerie, sous le Dôme central, a été improvisée une scène luxueusement déco-rée. Le manteau d'Arlequin est en velours rouge avec des bandes d'or; il porte au sommet un large écusson aux armes de Russie, qu'en-tourent les drapeaux russes et français unis. Le rideau est en soie rouge et or, avec des broderies blanches en bordure. Sur cette scène, l'orchestre et les artistes de l'Opéra ont exécuté le ballet de la *Maladetta,* avec les étoiles de la danse, Mlles Su-bra et Mauri.

Après le banquet vient le feu d'artifice, tiré sur le pont d'Iéna et dans les jardins du Trocadéro. Les officiers russes le verront du haut de la première plate-forme de la Tour Eiffel. Le Comité de la Presse a consacré une somme de trente mille francs à la réalisation de cette partie du pro-gramme des fêtes, qu'il a voulu faire excep-tionnellement brillante, en raison de son caractère public. Le panorama du Champ de Mars et du Trocadéro est déjà pour nos hôtes une féerie. Les divers palais de l'Expo-

D'après photog. Nadar.

Le banquet de la Presse
au Champ de Mars.

sition de 1889 forment, autour des jardins, des portiques de feu, avec leurs rampes de gaz aux belles lignes architecturales. Les ballons rouges font éclore aux arbres des fruits translucides. L'eau des bassins et des fontaines, sous l'irradiation de la Tour et des monuments, s'irise de teintes fantastiques, exaltées par le contraste de la verdure sombre des pelouses. Avec les feux et les lanternes vénitiennes des yachts, des bateaux et des pontons, la Seine coule comme un fleuve phospho-rescent. Les coupoles et les frontons de l'Opéra, du Pan-théon, des Invalides, des palais du quai d'Orsay, de l'Hôtel de Ville, du Palais de Justice, de l'Arc de Triom-phe de l'Étoile, de la basi-lique du Sacré-Cœur, à Montmartre, etc., dessinent à l'horizon des constella-tions terrestres, éclipsant en clarté celles du firmament, enveloppées d'une buée lumineuse qui monte de par-tout, avec les chants et les rumeurs joyeuses. Une fusée allumée au sommet de la Tour Eiffel troue le ciel en sifflant et verse une pluie d'étoiles multicolores : la fête est ouverte. Le feu d'ar-tifice débute par un jeu de nuages de lumière. Au-des-sus de la fontaine du Tro-cadéro est disposé un im-mense demi-cercle, dont les rayons sont faits de jets de vapeur, produits par une lo-comobile très soigneusement

Au Champ de Mars
Pendant le feu d'artifice.

dissimulée dans de la verdure et des fleurs ; un puissant réflecteur élec-trique, à verres colorés et à prismes, noie d'ondes lumineuses la vapeur, qui forme alors un éventail, tissé de couleurs et de nuances d'une délicatesse incomparable, et dont, chaque seconde, la décoration

change, toujours d'une harmonie imprévue : c'est une originale sym-
phonie de lumières. Les bombes par centaines détonent et crépitent.
Quand le bruit est tombé, une pièce colossale, — le Salut des artistes
pyriques à l'escadre du Tsar, — installée sur les berges de la Seine,
s'allume. Elle porte au centre un médaillon de feux colorés, avec l'inscription : « A la marine russe ». La dernière flammèche éteinte, une
autre pièce parallèle fait éclater des soleils étincelants, qui se brisent avec
violence en myriades d'étincelles, dans leur vertigineuse rotation. Tout à
coup, le pont de l'Alma s'incendie, se calcine, se liquéfie; ses parapets
laissent échapper dans la Seine, d'une hauteur de vingt mètres, des cascades de feu. La catastrophe arrache à la foule une clameur d'étonnement
et d'admiration. Puis, prennent leur vol des milliers de fusées à para-
chutes, dont le ciel est éclairé à des hauteurs prodigieuses, suivies de pluies
d'étoiles, de volcans de chenilles et de spirales à éruptions intarissables.

Après une minute de silence et d'obscurité, le champ d'artifice se déplace de nouveau. Le palais du Trocadéro entre en scène.
Sur sa façade est fixée la grande pièce décorative, d'une largeur de
quatre-vingts mètres. Aux angles, deux génies, les ailes éployées, soutiennent les armes de Russie et de France; entre les deux écussons, les
drapeaux des deux nations sont réunis en faisceaux. Des colonnes,
dressées de chaque côté du bassin de la fontaine, servent de piédestal
à ce monument. Ensuite partent quinze mille bombes, donnant la sensation presque poignante de quelque chose d'immense qui fait explosion,
puis qui s'écroule dans un abîme enflammé. Enfin une gerbe de fusées
couvre le ciel de lumières aux couleurs franco-russes. Une joyeuse
acclamation accueille ce bouquet d'adieu, acclamation que redouble
l'embrasement de la Tour sous les flammes de Bengale, qui transfor-
ment le fer des membrures du gigantesque édifice en métal incandescent.

Paris tout entier s'est illuminé cette nuit-là; et les décorations des
comités et des particuliers ont fait concurrence d'éclat et de richesse
avec celles des monuments, si, même en plus d'un point, elles ne les sur-
passaient. De mémoire de Parisien, même aux fêtes nationales qui ont
provoqué le plus d'élan dans les réjouissances publiques, l'inauguration
de l'Exposition de 1878 et le premier 14 Juillet, la population n'avait
jamais organisé une fête nocturne plus splendide et d'une aussi truculente fantaisie. Par ses six pylônes à couronnes et lustres élec-

Le feu d'artifice.
Les illuminations du Trocadéro
et de la Tour Eiffel.

triques, par l'Académie nationale de musique et les façades de toutes
les maisons qui l'entourent, la place de l'Opéra est ensoleillée. La rue de
la Paix et la rue du Quatre-Septembre apportent à cet éblouissement
le contraste délicieux de leurs profondes perspectives de verres de
couleurs et de lanternes vénitiennes, japonaises et chinoises, aux teintes
délicates et tendres, orange, vieux rose, feuille morte, émeraude et azur.
C'est un ravissement des yeux, dont la foule ne se lasse pas de témoigner son plaisir. De la place de la Concorde à la place de la République,
les établissements publics sont parés de rampes de gaz, de girandoles, de
lanternes et de lampions colorés. Le théâtre du Gymnase et le restau-
rant Marguery charment les regards, avec les berceaux de fleurs et de
verdure de leurs façades, où scintillent des pierres précieuses enflammées.
Place de la République, une immense girandole à trois guirlandes, composées de verres colorés, relie les hauts mâts. La statue, dont le piédestal paraît de feu, tient dans sa main droite, phare symbolique d'un
prestigieux effet, un bouquet électrique qui alterne les couleurs nationales. Et toutes les voies, qui débouchent sur la place immense, et
par où, de neuf heures à minuit, descendent bruyamment de Belleville,
Ménilmontant, Vincennes, Saint-Mandé, etc., des manifestants enthousiastes, forment autant d'avenues de lumière.

Le quartier latin a l'animation nocturne de ses grandes journées joyeuses; ce ne sont que portiques et arceaux de lanternes et de verres de couleurs, embrasements continus aux flammes de Bengale; de puissantes lampes électriques inondent la rue Soufflot de clartés éblouissantes. Dans les quartiers excentriques, aussi bien ornés et illuminés que ceux du centre, on danse à tous les carrefours; des musiques et des sociétés chorales donnent des sérénades aux autorités et font des retraites aux flambeaux, que suivent en chantant les enfants et les femmes, enrubannés d'écharpes et de spirales aux couleurs des deux nations.

Partout, la nuit est féerique. Le peuple parisien célèbre avec sa joie, spirituelle, aimable et pittoresque, ce qu'il appelle, dans son intuition profonde des conséquences de l'événement qui le met en fête, les fiançailles du pays avec la Russie.

Vive la Russie !

Réduction d'un dessin de Willette, publié par le *Courrier français.*

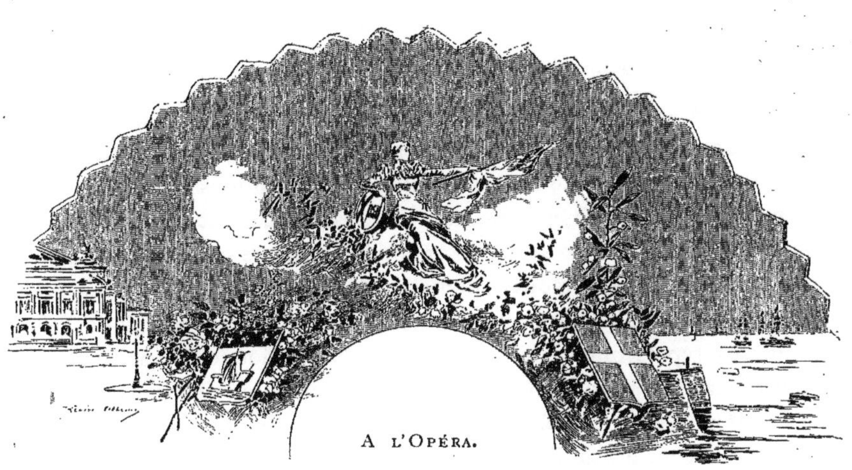

Éventail offert aux invitées. — Peinture de Mlle L. Abbéma.

LA REPRÉSENTATION DE GALA A L'OPÉRA
LE DÉPART DE LA DÉLÉGATION DE L'ESCADRE RUSSE

Vaisseau-bonbonnière
de la maison Siraudin-Marquis.

A leur entrée dans Paris, de la gare de Lyon à la place de l'Opéra ; pendant la promenade à travers la capitale ; dans la rue et au Champ de Mars, les officiers russes ont vu la foule parisienne, le peuple qui a le cœur sur la main, le rire aux lèvres, la gaieté dans les yeux, et qui fait à ceux qu'il aime sincèrement et dont il sent l'amitié loyale les triomphales ovations ; le Carrousel, le Cercle militaire et les banquets des ministères de la Guerre et de la Marine leur ont montré les officiers des armées de terre et de mer, heureux de fêter avec cordialité des camarades et d'affirmer hautement, par des témoignages délicats et affectueux, l'union des sentiments et des espérances, basée sur des traditions bientôt séculaires d'estime et d'admiration mutuelles ; ils se sont initiés, par les fêtes intimes des Cercles et des journaux, à la vie parisienne, à ses mondanités

18

élégantes, à son esprit fin et pétillant. La représentation de gala, organisée par le Comité de la Presse, réunira en leur honneur, dans le cadre d'une apothéose, tout ce que le pays contient d'illustrations dans la science, dans l'art, dans la littérature, dans l'industrie, dans le commerce, dans les fonctions publiques et dans la politique ; tout ce qui a un nom historique, un héritage de gloire nationale ; et, à côté des hommes qui servent avec éclat leur pays, des plus modestes, dont le travail énergique l'enrichit, les représentants des corporations professionnelles, patronales et ouvrières : le présent superbe ; une noble et fière idée a inspiré de placer l'avenir radieux : les délégués de la jeunesse de toutes les grandes écoles qui donneront au siècle français de demain ses ingénieurs, ses écrivains, ses artistes, ses avocats, ses industriels, ses amiraux, ses généraux et ses savants.

Le peuple parisien a l'instinct des fêtes patriotiques ; il en comprend la philosophie symbolique et la portée sociale. Invité ou non, il les recherche passionnément ; et il sait toujours y jouer son rôle, qui n'est jamais le plus timide ni le moins important. Gavroche n'aime-t-il pas, de tradition, à voir un mur derrière lequel il se passe quelque chose ? Aussi, dès six heures du soir, la place de l'Opéra était-elle remplie d'une foule immense, que des escouades nombreuses de gardiens de la paix, de gardes municipaux à pied et à cheval contenaient avec peine, pour laisser un passage libre aux piétons et aux voitures à destination de la représentation de gala. Les curieux, incessamment refoulés, se vengent des rigueurs de la consigne avec gaieté, en chantant. Au moindre incident qui se produit, une échelle chargée de spectateurs qui craque et s'effondre, le légendaire pâtissier, anguille des foules, qui réussit à se glisser entre les jambes des gardiens de la paix, et pénètre orgueilleusement sur la place, un cheval qui se cabre, une lanterne chinoise qui prend feu, un fiacre qu'un cocher impassible veut faire avancer : ce sont des éclats de rire, des lazzis pétillants et d'ironiques acclamations. On s'amuse de tout et l'on ne se plaint de rien. La physionomie pittoresque de la place, avec ses illuminations et ses pavoisements, est elle-même un spectacle attrayant. Les six pylônes inondent terre et ciel d'une lumière radieuse. Des cordons de gaz dessinent en lignes de feu la façade et le dôme de l'Opéra, les premiers étages du Grand Hôtel, du Cercle de la Presse et du

Jockey-Club. Le Cercle militaire a deux étoiles à feux changeants et un écusson, qui montrent alternativement les trois couleurs françaises et le pavillon de la marine russe, blanc à la croix bleue de Saint-André. Toutes les fenêtres et tous les balcons sont garnis d'hommes, de femmes et d'enfants, dont la gaieté bruyante fait écho à celle de la place. A huit heures, la musique de

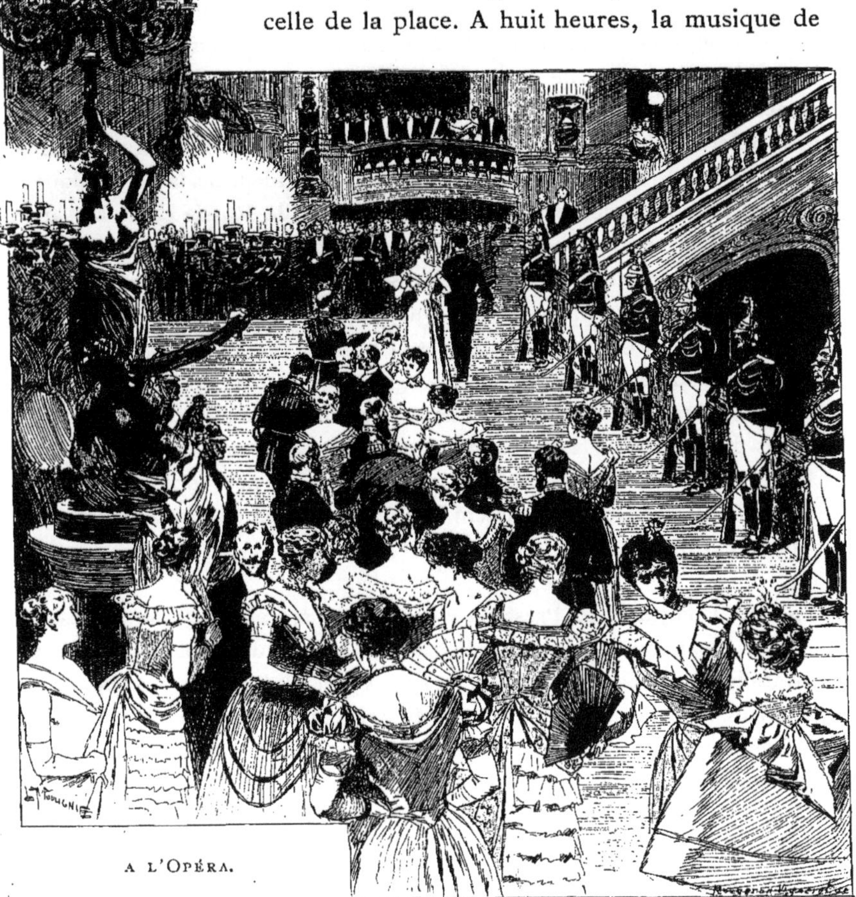

A L'OPÉRA.

Arrivée des invités à la représentation de gala.

la Garde républicaine se place sur le perron de l'Opéra et joue un pas redoublé. L'innovation plaît à la foule, qui applaudit les musiciens. Enfin, à neuf heures moins un quart, une grande rumeur de cris et de hourras, venant de la Madeleine, comme le grondement d'une tempête lointaine, annonce l'arrivée des officiers de l'escadre, que des commissaires du gala sont allés chercher au Cercle de l'Union artistique. Les cris de : Vive la Russie ! vive l'Amiral! vive le Tsar ! se perçoivent bientôt distinctement ; et ce n'est plus alors qu'un chœur de cent mille voix enthousiastes. Le cortège engouffré dans la rue Halévy, celui du Président de la République, qu'escorte un escadron de cuirassiers, pénètre sur la place ; les tambours de la garde battent aux champs, les soldats présentent les armes, et le public crie : Vive la République! vive Carnot! A l'entrée des officiers dans la salle, l'orchestre joue l'Hymne russe, qu'on écoute debout. A peine est-il achevé, que le Président de la République et Mᵐᵉ Carnot, accompagnés de l'ambassadeur de Russie et de Mᵐᵉ de Mohrenheim, apparaissent sur le devant de la loge présidentielle ; la *Marseillaise* les salue ; l'amiral, ses officiers et tous les spectateurs se lèvent et applaudissent. Quel merveilleux spectacle que celui de la salle! Les uniformes militaires et marins, les toilettes des femmes mêlent l'éclat des ors des épaulettes et des galons aux feux des diamants ; les tons vibrants des draps de couleurs, aux nuances délicates des soieries ; et les habits noirs, dont les plastrons blancs se teignent çà et là du carmin, du safran et de l'azur des cravates et des cordons d'ordres français et étrangers, rehaussent par contraste les clartés vivantes des épaules et des bras nus.

Le Comité de la Presse a composé le programme de la représentation de manière à y faire figurer les noms des trois plus grands musiciens russes : Glinka, Tschaïkowsky et Rubinstein, et ceux des maîtres de l'École française contemporaine de musique : Ambroise Thomas, Gounod, Massenet, Saint-Saëns, Reyer, et Paladilhe, avec l'ouverture du *Roi de Lahore*, le quatrième acte d'*Hamlet*, l'*Hymne à Victor Hugo*, un tableau de *Salammbô*, le ballet de *Patrie*, et le cinquième acte de *Faust*.

La généreuse galanterie d'un grand industriel parisien, M. Duvelleroy, a permis d'offrir à toutes les spectatrices le programme de la fête, imprimé au dos d'un éventail de satin, qui porte sur sa face une composition allégorique de Mˡˡᵉ Abbéma. Entre l'acte d'*Hamlet* et le tableau de *Salammbô*, l'amiral Avellan et ses officiers, conduits par le ministre de la Marine et l'amiral Gervais, présentent leurs hommages au Président de la République et à Mme Carnot, qui leur fait les honneurs d'un lunch dans son salon particulier. Le colonel Dalstein va saluer, de la part de M. Carnot, le maréchal Canrobert, en grand uniforme

A L'OPÉRA. — Les officiers russes au Foyer de la danse.
(Croquis de Mars.)

et le cordon de Saint-André en sautoir, qui occupe une des loges d'honneur avec son gendre et sa fille, le lieutenant de vaisseau de Navacelle et Mme de Navacelle, son officier d'ordonnance le capitaine de Quercise et Mme de Quercise et le colonel Avon. A l'entr'acte suivant, le maréchal rend visite au Président de la République. Un nouveau lunch est servi, après l'acte de *Faust,* aux officiers russes, aux principaux personnages officiels et aux artistes de l'Opéra, cantatrices, danseuses et chanteuses, dans le foyer de la danse ; le président du Comité de la représentation de gala, M. Arthur Meyer, y porte un toast à l'amiral Avellan, et celui-ci lève sa coupe de champagne en l'honneur du Président de la République.

La « Fête russe » va grouper tout le personnel féminin de l'Académie de musique et de danse, au milieu du plus pittoresque des cadres d'opéra, dans une série de ballets délicieux. On a adapté à la fête le décor du parc de Fontainebleau de l'*Ascanio* de Saint-Saëns. Sous les arbres géants ensoleillés, de chaque côté d'une cascade qu'entourent des escaliers de marbre, sont dressées deux estrades. L'écusson qui portait les armes de Charles-Quint a celles du Tsar ; et le chiffre de la République remplace sur le second la salamandre de François Ier. Sur les estrades et les escaliers s'installe la figuration des spectateurs : peuple, paysans et paysannes de toutes les provinces de la Russie, et, derrière eux, des marins français. Après le chœur de *la Vie pour le Tsar*, les premières artistes du corps de ballet exécutent les danses nationales populaires. Ce sont d'abord des Petites-Russiennes, avec le bonnet gris, la veste bleue et la chemise blanche ; des Grandes-Russiennes aux jupes de velours noir et chemises rouges, toutes couronnées du kakochnick ou de la pavieska aux paillons étincelants ; puis viennent des Circassiennes, des Finlandaises, des Lapones, des Sibériennes, etc., aux costumes étranges, picaresques et colorés. Tour à tour, dolente, attendrie et passionnée, gaie, caressante et fougueuse, la musique berce, agite et emporte les danseuses, dont la grâce, dans tous ces mouvements variés, reste toujours l'irrésistible séduction. Le fond de la scène se ferme. Des deux côtés, cour et jardin, s'avancent gravement, vêtus de riches costumes russes anciens, les vingt-huit premiers sujets de chant de l'Opéra, hommes et femmes : évocation saisissante de la cour d'un de ces princes de Moscou, dont le luxe oriental avait fait du Téréma au Kremlin le pendant des plus riches palais des puissants seigneurs de l'Europe féodale. Rangés en ligne, ils chantent l'Hymne russe, accompagnés par l'orchestre. La salle entière s'est levée. Tout à coup, les rideaux de fond s'ouvrent et apparaît l'Apothéose. La France, fière, superbe, est debout sur un quadrige de chevaux blancs, que conduit la Paix, un rameau d'olivier à la main. Au-dessous, l'aigle russe éploie ses vastes ailes. Les canons tonnent, les cloches sonnent ; les groupes de paysans et de boyards agitent leurs bonnets, et les marins, des drapeaux aux couleurs russes et françaises. La salle, électrisée par ce spectacle inouï, pousse des hourras. Alors, l'amiral Avellan se dresse dans sa loge, paraissant grandi encore par l'enthousiasme, et, d'une voix retentissante, réclame la *Marseillaise*. Quand l'hymne français est terminé, il fait signe de nouveau qu'il veut parler, et, dans le silence, il s'écrie : « Ma dernière parole sera : Vive la France! » Et tous les spectateurs répondent : Vive la Russie!

Pendant la représentation, la foule a envahi la place de l'Opéra et se livre à toutes les exubérances d'une intarissable gaieté ; elle rit, crie, chante et bat des mains. On a imaginé de suspendre à des ballons de baudruche des morceaux de papier allumé ; les ballons s'envolent et font explosion. De puissants projecteurs électriques sont placés au sommet des rotondes du Cercle militaire et du Comptoir national d'escompte. Leurs rayons, semblables à des queues de comètes frétillantes, font saillir en reliefs opalins les groupes de pierre du portique de l'Opéra, les bustes de bronze des œils-de-bœuf, les énormes allégories du fronton et l'Apollon colossal de la coupole. L'Opéra répond, des loggias, au moyen d'instruments semblables, et une joute s'engage entre le monument et les deux édifices, joute lumineuse, dont les passes incessantes ont des cliquetis d'étincelles et des heurts d'éblouissements. A onze heures et demie, les agents déblayent la place et refoulent les curieux sur les trottoirs. Des gardes municipaux à pied se rangent en haie, depuis l'Opéra jusqu'au Cercle militaire; et un escadron de cuirassiers se forme en ligne de bataille, face à l'Académie nationale de musique.

A minuit et demi, le Président de la République traverse la place et regagne l'Élysée par le boulevard des Capucines, au milieu des acclamations. Alors, deux pelotons de cavaliers de la Garde républicaine et de cuirassiers s'avancent au pas vers le boulevard des Italiens, précédant les landaus de l'amiral et des officiers russes. Au moment où la première voiture arrive devant le terre-plein, tous les projecteurs dirigent leurs jets sur elle; le commandant de l'escadre est inondé de lumière et apparaît dans une auréole. Un immense hourra salue cette apothéose publique. Jusqu'à la place de la Bastille, le départ renouvellera l'arrivée, avec l'avivement de sensations que donnent la rumeur violente et la marche torrentueuse d'une foule dans la nuit, sous les reflets fantastiques des rampes de gaz, de l'électricité, des guirlandes de lanternes vénitiennes et chinoises et des flammes de Bengale. A chaque instant, le cortège et l'escorte doivent faire des haltes; alors on échange les cris de : Vive Paris ! vive la Russie ! vive la France, vivent les marins ! au revoir ! merci ! On se serre les mains et l'on s'embrasse avec attendrissement. Les officiers russes sont tête nue et ne peuvent cacher leur émotion; sur le visage pâli de plus d'un coulent des larmes. Au carrefour du boulevard Diderot et de la rue de Lyon, en dépit de l'heure avancée, il y a dix mille hommes qui ont tenu à faire aux envoyés du Tsar les dernières ovations, après leur avoir fait les premières. Dès que l'escadron de cuirassiers apparaît, c'est une explosion de hourras, auxquels répondent les marins, debout dans leurs landaus, en agitant leurs casquettes et en poussant les plus énergiques vivats en l'honneur des Parisiens. Aux personnages qui attendent dans le grand salon de la gare pour lui présenter les souhaits de bon voyage, l'amiral fait de touchants adieux; et il remet au président du Conseil municipal une adresse de remerciements à la Ville de Paris.

Les trains, qui transportent les officiers russes à Lyon, partent à une heure trente-cinq et à une heure cinquante; tous, le buste passé à la portière de leur wagon, saluent solennellement, et, d'une voix qui domine les dernières acclamations, crient : Vive Paris ! vive la France !

A LA GARE DE LYON. — Le départ de Paris.

A Lyon. — Arrivée du landau de l'amiral Avellan sur le cours du Midi.

A LYON ET A MARSEILLE

Drapeaux russes
offerts par le Comité des fêtes lyonnaises.

Le mercredi matin, à dix heures, les canons des forts de Lyon tonnent; les cloches des églises sonnent à toutes volées et le bourdon de Saint-Jean couvre la ville de sa puissante rumeur; le train pavoisé, qui amène de Paris la délégation de l'escadre, débouche du tunnel de Fourvières. Il entre en gare; la musique du 52ᵉ de ligne joue l'Hymne russe; le préfet du Rhône et le maire de Lyon s'avancent vers le wagon d'honneur, à la portière duquel apparaît la figure souriante de l'amiral Avellan, la plaque de grand-officier de la Légion d'honneur sur la poitrine. La foule a envahi les quais et lance d'enthousiastes hourras. Il n'est pas prononcé de discours; le commandant de l'escadre, MM. Rivaud et Gailleton échangent simplement des souhaits de bienvenue et des félicitations. Dans le salon de réception, une députation du Syndicat des horticulteurs du Rhône présente une corbeille d'orchidées, de lilas, d'œillets et de roses, un véritable monument de fleurs, qui ne mesure pas moins d'un mètre vingt-cinq de long sur un mètre de large et un mètre vingt de haut. Le cortège se forme sous le péristyle de la gare; il comprend vingt-cinq landaus qu'escortent des gendarmes à cheval. Aussitôt que la voiture de l'amiral a franchi la rampe de Perrache, une intense clameur s'élève du Cours du Midi, où, de la rive du Rhône à la rive de la Saône, sont groupées cent mille personnes. Toutes les maisons de la rue Victor Hugo sont pavoisées, du rez-de-chaussée au faîte. Près de la place Ampère, on a placé au-dessus de la chaussée une large banderole qui porte en russe l'inscription : « Cronstadt-Toulon ». Au coin de la rue François-Dauphin, se balance une immense toile, sur laquelle un décorateur de plus de bonne volonté patriotique que d'artistique talent a peint une allégorie de l'union de la France et de la Russie : un marin russe donnant la main à un marin français. Des fenêtres et des balcons, les femmes jettent des bouquets et des gerbes de fleurs. A l'entrée de la rue de la République, le Comité des négociants du quartier a élevé un arc gigantesque de style gothique, de la plus originale allure; d'élégantes colonnes, enguirlandées de fleurs et de verdure, supportent un fronton drapé de tentures de velours rouge à crépines d'or, où sont inscrits les mots : « Salut à nos amis! » Cette bienvenue se répétera constamment, sous les formes les plus galantes, soit en russe, soit en français, sur tout le parcours du cortège.

Les voitures s'avancent au pas, dans la rue jonchée de plantes et de branches vertes. A l'angle de la place de la République, une corbeille de fleurs, suspendue au travers de la chaussée, à la hauteur du quatrième étage, descend dans la voiture de l'amiral. La haie des gardiens de la paix, à cet endroit, est rompue; on se précipite sur les landaus; les hommes serrent la main aux officiers russes; les femmes les embrassent et les fleurissent; et ce ne sont que des cris énergiques et joyeux de : Vive la Russie! auxquels les officiers russes répondent par ceux de : Vive la France! vive Lyon! Près du Grand-Hôtel, est un arc de triomphe, dont les pilastres portent des groupes de jeunes filles en robes blanches et de garçons en costumes russes, qui lancent des roses dans toutes les voitures du cortège. Sur ce point, une maison a renouvelé la gracieuse innovation de la rue de la Paix à Paris, le jour de l'arrivée de la délégation : un chœur féminin exécute l'hymne national de Russie. La place des Terreaux est superbe. Devant la fontaine de Bartholdi, sont groupés cinquante orphéons, harmonies et fanfares, constituant un ensemble de

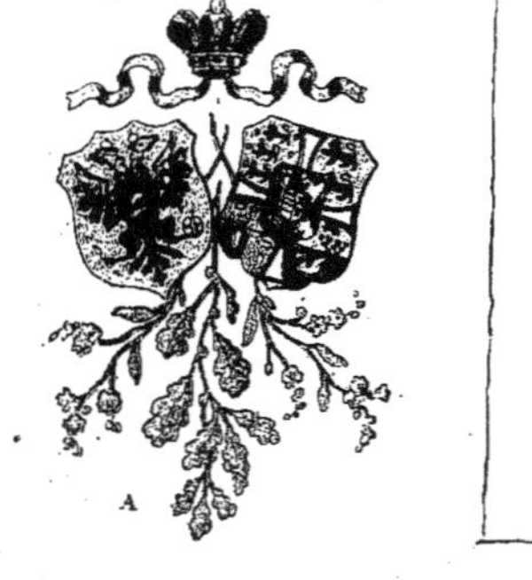

Menu, par M. A. Storck.

FOULARD DONNÉ AUX MATELOTS RUSSES PAR LES CHAMBRES SYNDICALES
DE LA FABRIQUE LYONNAISE

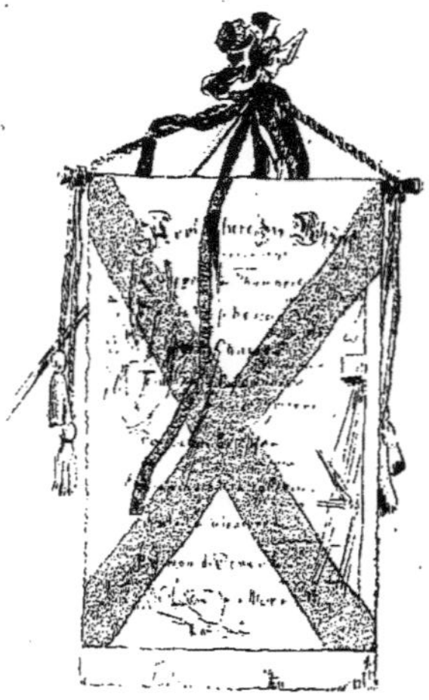

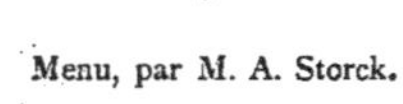

Menu, par M. A. Storck.

A et B. Dessins du Livre brodé offert par le Comité des fêtes lyonnaises à S. M. l'Impératrice de Russie (Dessins et Broderies de Mme Leroudier.)

douze cents choristes et musiciens. Sur les deux côtés du perron de l'hôtel
de ville, se tiennent l'Harmonie municipale et la Fanfare lyonnaise.
Les Associations de gymnastique et de tir, les Combattants de 1870,
les Mobiles du Rhône, l'Union patriotique et les Anciens marins, commandés par le lieutenant de vaisseau Curieux, encadrent, sur deux
rangs, les sociétés musicales; et sur tout cela flottent pittoresquement des
bannières, des fanions et des drapeaux. Quand, à midi vingt-cinq, le cortège arrive devant l'hôtel de ville, tous les clairons des sociétés sonnent
aux champs et les musiques du perron jouent les hymnes nationaux. Les
officiers agitent leurs casquettes blanches et crient : Vive la France! vive
Lyon! Ils ont de la peine à descendre; leurs voitures sont encombrées
de bouquets et de gerbes de fleurs; on n'aperçoit d'eux que les bras levés
et les têtes épanouies et émues. En haut de l'escalier du palais, les
conseillers municipaux, les préfets des départements voisins, les députés et
les sénateurs de Lyon, les membres de la Chambre de commerce attendent
les délégués de la marine russe. Dans la salle des Pas-Perdus, une fillette,
vêtue d'une robe blanche et portant une écharpe tricolore, adresse en
russe un compliment au commandant de l'escadre et lui offre deux bouquets, l'un au nom de la Ville, l'autre de la part des écoles communales.
L'amiral embrasse affectueusement la fillette et la confie à un capitaine
de vaisseau. A ce moment, les musiques de la place des Terreaux,
orphéons et fanfares, entonnent la *Marseillaise*. Tout le monde s'est
découvert respectueusement et écoute dans un silence religieux. On
n'applaudit, mais avec vigueur, qu'au moment où les instruments et les
chœurs ont lancé la dernière strophe du couplet final; le refrain est chanté
par la foule entière. Du haut du balcon, l'amiral et les officiers viennent
saluer les Lyonnais, dont l'enthousiasme ne connaît plus de bornes. Ils ne
cachent ni leur émotion ni leur surprise. « Qui avait osé leur dire que la
population de la vieille ville des canuts était d'un tempérament froid?
Lyon vient de renouveler pour eux l'entrée triomphale de Paris,
avec les mêmes foules immenses, les mêmes ovations incessantes et les
mêmes merveilles de décoration. » Le président de la Chambre de commerce présente des cadeaux destinés à la Tsarine; et, pendant une heure,
défilent les délégations des municipalités et des associations diverses de
la région, auxquelles l'amiral adresse les paroles les plus aimables et des
remerciements chaleureux.

De l'hôtel de ville à la préfecture du Rhône, où M. Rivaud offre à déjeuner aux officiers russes, le cortège défile avec une extrême difficulté ; à chaque minute, il s'arrête, ne pouvant s'ouvrir un passage au travers des impétueux spectateurs. La rive gauche du Rhône n'est pas décorée avec moins de goût et de richesse que la rive droite, et l'accueil de la population y est aussi vibrant.

Après le banquet de la préfecture, la municipalité doit offrir un vin d'honneur sous la coupole

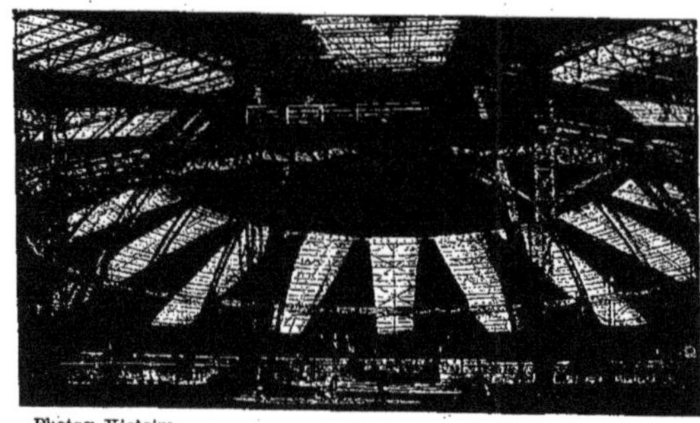

Photog. Victoire.

A LYON. — La coupole du palais de l'Exposition de 1894.

du palais de l'Exposition de 1894. Cent six sociétés de tir, de gym-

Photog. Grampa.

A LYON. — Arrivée des officiers russes au palais de l'Exposition.

nastique, de secours mutuels, de sauveteurs, de pompiers, d'anciens militaires, de musiciens, de chanteurs, d'excursionnistes, de colombophiles, etc., ont été invitées à y prendre part. Le ralliement général a lieu place Bellecour, d'où le cortège, ayant en tête la Société des anciens marins composée de deux cents hommes de tous grades, avec l'uniforme dont le port a été autorisé spécialement par le ministre de la Marine, gagne, aux sons des fanfares, le parc de la Tête-d'Or, par la rue de l'Hôtel-de-Ville, la place des Terreaux, le pont Morand, le quai de l'Est et l'avenue du Parc. Les bannières de soies et de velours, les pennons multicolores, les drapeaux et les uniformes variés, aux tons clairs, donnent à ce cortège une truculente physionomie. Le parcours de la Préfecture au Palais de l'Exposition est pour les officiers russes une longue ovation. Il y a plus de trois cent mille personnes entassées sur leur passage et ardentes à les fêter. Ici, comme dans les rues de Paris, toutes les femmes leur jettent des fleurs, les embrassent ; des mères se précipitent sur les voitures et leur donnent des enfants à baiser ; de véritables batailles de fleurs s'engagent ; les marins apercevant dans la foule des officiers et des soldats français, les saluent et demandent à leur serrer la main. Des arcs de triomphe ont été dressés près du pont Morand et à l'entrée du Parc. Sous la coupole, le vice-président du comité supérieur de l'Exposition, M. Ulysse Pila, reçoit la délégation de l'escadre russe

Ліонскіе театры

Les théâtres. — Guignol et Gnafron.

(Page du menu exécuté par M. Storck.)

et lui adresse une courte allocution de bienvenue, à laquelle l'amiral répond par quelques mots de remerciements. Le retour à l'hôtel de ville pour le banquet de la municipalité durera plus de deux heures. Les voitures sont prises d'assaut par une foule grisée d'enthousiasme ; et les officiers s'abandonnent joyeusement aux exubérantes démonstrations d'amitié qu'on leur prodigue avec effusion.

Le banquet a lieu dans la grande salle des fêtes, et ne comprend pas moins de six cents convives. Le menu est fort intéressant. En forme de livre, relié de satin jaune impérial, il contient à la suite du texte en français et en russe, une série de fines gravures représentant : l'hôtel de ville, la préfecture, la cathédrale Saint-Jean, les deux églises de Four-

vières, le monument des Enfants du Rhône, le palais du Commerce, la
Faculté de médecine, la nouvelle École de santé militaire, le nouvel Hôtel
des télégraphes, le pont Morand, les deux théâtres municipaux et les populaires profils du Guignol lyonnais et de son ami Gnafron. L'Harmonie
municipale donne pendant le repas un véritable concert. Les toasts
sont d'une cordialité éloquente. Sur la place des Terreaux, illuminée, des
milliers de manifestants, infatigables, ne cessent, avec entrain, de crier :
Vive la Russie ! de chanter l'Hymne russe et la *Marseillaise.* Quand
ils estiment que le banquet doit toucher à sa fin, ils réclament par des
acclamations énergiques les officiers russes au balcon. A leur apparition, c'est une explosion générale de hourras. Un incident émouvant
se produit. L'amiral Avellan demande un drapeau, on lui en apporte
un énorme. Il le saisit, et, d'une main vigoureuse, le brandit au-dessus
de sa tête. Alors, la foule pousse un cri unanime de : Vive la Russie ! Les
officiers font signe qu'ils veulent parler ; on n'entend plus un bruit ;
alors, penchés sur la foule, et levant tous ensemble leurs casquettes
blanches, ils répondent d'une voix retentissante : Vive la France ! Quelques-uns se détachent rapidement du groupe, disparaissent, et, au bout de
quelques secondes, reviennent sur le balcon les bras pleins de fleurs. Ils
ont mis au pillage toutes les tables du banquet et ils lancent à la volée
sur la place les gerbes et les bouquets. Alors c'est du délire ; les applaudissements et les hourras couvrent les fanfares de l'Harmonie.

Une fête vénitienne a été organisée sur la Saône par l'Union nautique, la Société des régates lyonnaises, le Club nautique et le Cercle
de l'aviron. Elle procurera aux hôtes de Lyon, par son cadre incomparable, un enchantement que la fête vénitienne de Paris même ne leur a point
offert. Comme l'ont dit fort humoristiquement les journaux, les Russes
ont vu cette nuit ce qu'aucun Lyonnais n'avait jamais vu : Fourvières et la
Croix-Rousse illuminés simultanément. Une grande pensée patriotique avait réalisé ce phénomène invraisemblable. La basilique des
pèlerins dessine sur le ciel en lignes incandescentes les silhouettes
énormes de ses tours et montre, insérée dans un vaste portique, cette
inscription : « Dieu protège la France. » Sur tout le versant de la colline,
l'antique Lugdunum, flamboyent les nombreux établissements religieux, les chapelles, les églises, les séminaires et les couvents. A chaque
instant, sur un point ou sur un autre, des flammes de Bengale embrasent

Photog. Victoire.

Côté de la dédicace à l'amiral Avellan.

Photog. Victoire.

Côté des armes de la ville de Lyon et de l'Empire russe.

SURTOUT DE TABLE OFFERT PAR LA VILLE DE LYON A L'AMIRAL AVELLAN.

l'horizon de nuées bleues, roses, rouges ou dorées; et des fusées sèment dans le ciel des myriades d'étoiles étincelantes. La Croix-Rousse répliquait avec entrain à sa rivale. Elle a enguirlandé toutes ses maisons de lanternes vénitiennes, de rampes de gaz et de lampions; elle fait éclater des bombes tonitruantes, et, au-dessus de son amphithéâtre en feu, elle incendie le ciel de resplendissantes girandoles et d'une pluie incessante de serpentins. Tous les parapets de la Saône sont garnis de ballons orangés; les quais forment, avec leurs maisons et leurs monuments, de longues avenues de lumière. Le Comité de la fête avait improvisé une véritable flottille avec les mouches, les bateaux de promenade et de pêche et les remorqueurs; et tout cela, de babord à tribord, de l'avant à l'arrière, porte des cordons, des arceaux, des lianes et des festons de lanternes, de falots, de verres de couleurs et de ballons. Quand les officiers russes ont gagné leur bateau, le président du comité donne le signal de la fête. Le yacht à vapeur du Jockey-Club tire des salves de pétards, celui des ponts et chaussées lance des fusées, et un feu d'artifice éclate sur un remorqueur. Plusieurs mouches ont embarqué des musiques; elles jouent les hymnes nationaux, accompagnés par les voix des cinq cent mille spectateurs, entassés sur les deux rives. La fête vénitienne a été une fête des Mille et une nuits.

La Presse de Lyon et de la région lyonnaise avait pris l'initiative d'une représentation de gala au Grand-Théâtre, avec l'*Arlésienne,* le second acte de *Samson et Dalila,* le deuxième acte de *Roméo et Juliette* et le troisième acte des *Huguenots.* Les officiers russes y ont fait leur apparition après la fête vénitienne, aux acclamations de la salle, composée de toutes les notabilités officielles, industrielles, artistiques et commerciales de la ville et du département. Le produit de la soirée devait être affecté aux familles des victimes de la catastrophe de la *Roussalka.* En présentant à l'amiral les compliments de bienvenue du comité d'organisation, le président, M. Ferrouillat, directeur du *Lyon républicain,* lui a remis dix billets de mille francs neufs et au millésime de 1893, dans un portefeuille en cuir d'Orient, dont la couverture porte l'inscription : « A l'amiral Avellan, pour les veuves et les orphelins des marins de la *Roussalka* »; à l'intérieur, sont gravés ces mots : « Souvenir de la représentation de gala du 25 octobre 1893, offerte aux officiers de l'escadre russe par la Presse de Lyon et de la région lyonnaise. »

A minuit et demi, les officiers russes quittaient Lyon, pour se rendre à Marseille, emportant des sensations inoubliables. La seconde ville de France avait fait à ses hôtes une réception superbe, émouvante, digne de son haut renom de galanterie et d'élan patriotique, justifiant fièrement de nouveau sa belle devise : « Avant, avant lion li melhor ! »

Dès la nouvelle de l'envoi en France d'une escadre russe, la municipalité de Marseille avait réclamé l'honneur de la recevoir tout entière, et d'offrir à ses marins et à ses officiers une hospitalité de plusieurs jours. Elle invoquait, pour justifier ce privilège, bien des titres sérieux ; et fièrement elle se parait, au-dessus de tout, du beau nom que les poètes, d'accord avec les économistes, lui ont donné : « la Porte de l'Orient ». Mais, en dépit des démarches les plus actives, des sollicitations les plus pressantes, le Protocole est resté inflexible, et la grande métropole maritime de la Méditerranée n'a pu posséder que pendant seize heures un seul vaisseau de l'escadre, son amiral et la délégation parisienne de ses officiers. Mais, pour atténuer les regrets de la population, quelle fête la municipalité a préparée à ses hôtes d'un jour ! Le programme officiel comprend : trois banquets monstres, des lunchs innombrables, d'intarissables vins d'honneur, une colossale bataille de fleurs, une immense kermesse, une splendide représentation de gala, une grande fête vénitienne, des cortèges à ne plus les compter et des illuminations !

Un proverbe populaire dit : « Quand le Midi se lève ! !... » Le Midi s'est levé pour fêter les Russes. La Cannebière n'est plus Marseille; c'est toute la Provence. Des Cévennes aux Alpines, d'Aigues-Mortes à la Ciotat, sont descendus les beaux gars vêtus de leurs habits de gala, fleurettes aux lèvres, et les jolies Comtadines, Aixoises et Arlèses, en robes de velours et de soie, en « chapelles » de mousseline, et bouquets au corsage. Dès l'aurore, les trains incessants en déversent dans la ville les bandes joyeuses. De la gare au port, les portiques, les arceaux, les guirlandes, les pavois de pavillons, les mâts, les bigues, les arbres enrubannés de serpentins, les maisons tendues de draperies, couvertes d'écussons, de trophées de drapeaux et d'oriflammes, font des boulevards et des rues une immense voie triomphale. Bien que le soleil méridional n'ait pas daigné jeter sur ces truculences et ces éblouissements de couleurs le suprême éclat de sa prestigieuse lumière, les marins russes auront dans cette féerie la plus merveilleuse apothéose, incomparable de grandeur et de beauté, qu'on pouvait rêver comme couronnement des fêtes françaises. Quelles ovations leur étaient gardées par cette population pétulante, enthousiaste, follement amoureuse de bruit et d'agitation, dont tout, dans l'expression intense de la vie, le regard, le sourire et le geste mêmes, semble être sonore et épanoui ! Dans la cour de la gare, six mille élèves des écoles communales, tenant chacun une petite bannière aux couleurs russes, les acclament de leurs voix enfantines. En entrant les officiers ont lu, dans leur langue, sur un arc de triomphe, enguirlandé de branches de lauriers et de rameaux d'olivier, ce gracieux compliment de bienvenue : « Marseille vous salue ! » Dès les premiers tours de roue, leurs voitures seront envahies gaiement par les femmes et les jeunes filles, qui les couvriront de fleurs et de baisers ; on leur présentera d'adorables fillettes enrubannées aux couleurs russes pour qu'ils les embrassent. Et les bouquets, les gerbes de roses, d'œillets et de violettes, pleuvront de toutes les fenêtres et de tous les balcons. La haie du cortège est formée non de troupes, mais par les associations populaires de la ville, bannières et drapeaux flottants, qui, à chaque carrefour d'avenues, à chaque square, terre-plein ou place publique, l'accueillent par des fanfares, des chœurs, des sonneries de clairons et des roulements de tambours. Des sociétés colombophiles font des lâchers de milliers de pigeons, qui, en s'élevant dans les airs, déroulent d'immenses serpentins multicolores. Les clochers des églises carillonnent. Aussi, aux réceptions officielles de la préfecture, de l'hôtel du 15ᵉ corps d'armée et de la mairie, l'amiral et ses officiers, répondant aux félicitations des autorités, déclareront-t-ils, profondément émus, que Marseille dans son accueil, leur a ménagé encore des surprises, à la fin de ce voyage de France, qui, cependant, n'a été pour eux qu'une succession ininterrompue d'enchantements.

L'escadre russe a envoyé à Marseille le *Teretz*, auquel l'escadre française donnait comme compagnon de route le *Wattignies*. La Société des anciens marins des équipages de la flotte, le *Petit.Marseillais* et le *Petit Provençal*, ont frété des vapeurs pour aller, au large, souhaiter la bienvenue à l'escadrille et porter des bouquets à ses marins. Des yachts de plaisance, des bateaux de tout genre ne tardent pas à les rejoindre. Ceux qui les montent ont embarqué des cargaisons de serpentins, de con-

fetti et de fleurs. Le *Teretz* en est bientôt entièrement pavoisé et couvert.
Les marins russes, grimpés dans les hunes, sur les vergues et aux cordages, répondent par des hourras frénétiques et en chantant la *Marseillaise* qu'ils ont apprise de leurs « matelots » de Toulon. Le *Teretz* et le

A MARSEILLE.
L'arc de triomphe élevé au bas de la Cannebière, sur le quai du vieux Port.

Wattignies franchissent triomphalement la passe du vieux port, salués
par la foule qui se presse sur tous les quais; et viennent s'embosser au
bas de la Cannebière, contre l'arc de triomphe colossal, que la municipalité a fait élever là, et sur le haut fronton duquel se lit l'inscription
provençale : « Marsiho vous saludo. »

A une heure, la municipalité donne un banquet en l'honneur de la
marine russe, dans la grande salle de la Bibliothèque de la Ville.
Après les toasts au Tsar, à la famille impériale et au Président de la

République, portés par le ministre des Finances et par l'amiral Avellan,
le maire de Marseille prononce un éloquent discours.

La pluie, hélas! commence à tomber, et le programme annonce

comme suite au déjeuner une
bataille de fleurs sur la Cannebière! Quelques voitures enguirlandées défilent; de hardis promeneurs échangent des bouquets
et des confetti; mais leur
héroïsme ne peut tenir devant
les torrents d'eau; et la bataille
finit faute de soleil, de combattants et de spectateurs. L'amiral
et les officiers se sont rendus au
palais de la Bourse, après avoir
admiré le portique dressé en face
du monument, qui représente

Assiettes franco-russes.

une galère phocéenne portant à sa proue l'écusson du Tsar, à droite et à
gauche les armes de France et de Russie. Un lunch leur est offert; on y
boit à la prospérité commerciale de Marseille et à la gloire des deux
nations. A partir de ce moment, on est forcé de supprimer toutes les fêtes
extérieures, au grand dépit des Marseillais qui avaient réalisé dans leur

organisation des idées originales et ingénieuses : la kermesse du parc

A MARSEILLE.
La bataille de fleurs et de serpentins, à l'entrée de la rue de Noailles.

Borelly, à laquelle devaient prendre part quarante mille enfants des écoles
de la ville ; la promenade sur les quais, la visite des bassins, les feux d'artifice et les illuminations. A l'hôtel de Noailles, l'amiral reçoit de nom-

breuses délégations de sociétés patriotiques, de bienfaisance, de commerce et d'industrie; et les officiers se rendent à l'Association des étudiants et au Cercle français. Le Conseil général des Bouches-du-Rhône offre le soir aux marins russes, à l'hôtel de la préfecture, un banquet auquel sont conviés l'archevêque d'Aix, l'évêque de Marseille, toutes les autorités civiles, maritimes et militaires, les députés et les sénateurs du département. Après la représentation de gala au Grand-Théâtre, organisée au bénéfice des familles des victimes de la *Roussalka,* par le Comité des négociants, l'amiral et ses officiers étaient conduits à la gare, par le préfet, le maire, le général de Vaulgrenant, le président du Conseil général, et quittaient Marseille à minuit, pour se rendre à Toulon. A peu près à la même heure, le *Teretz,* dont la population pendant toute la journée avait fêté chaleureusement l'équipage, levait l'ancre, salué à son départ par un immense cri de : Vive la Russie! Vive le Tsar! auquel il répondait par celui de : Vive la France!

Porte-monnaie franco-russe.

A TOULON. — Vue de la rade pendant la visite du Président de la République à l'Escadre russe.

LE PRÉSIDENT DE LA RÉPUBLIQUE A TOULON.
LE LANCEMENT DU *JAURÉGUIBERRY*
LE DÉPART DE L'ESCADRE RUSSE

Broche-médaille
offerte par
l' « Œuvre du Souvenir ».

LE jeudi, 26 octobre, le Président de la République partait de Paris pour Toulon. Il était accompagné du président du Conseil, ministre de l'Intérieur, et des ministres des Affaires étrangères et de la Marine. Le lendemain, à neuf heures et demie, après quelques minutes de repos à la Préfecture maritime, sa résidence officielle, M. Carnot gagnait la rade pour passer en revue les escadres françaises et visiter l'escadre russe. La foule se presse sur son passage et l'acclame. Le chef de l'État s'embarque avec sa suite dans le canot présidentiel à vingt rameurs, qui porte à la proue une figure allégorique de la Renommée ; et à l'avant et à l'arrière duquel est arboré le pavillon national français timbré d'un C. Un canot-vedette précède le canot présidentiel ; le canot de l'amiral-préfet maritime et celui du contre-amiral major général lui font escorte. Quand le cortège franchit la passe de la darse Vauban, il est salué par des salves de vingt et un coups de canon, tirées par chaque vaisseau des escadres françaises et russe. Le bruit de cette canonnade a une telle intensité qu'il semble que les collines de la ville de Toulon doivent en être ébranlées. La rade est superbe. Toutes les escadres et flottilles, tous les bateaux, ont hissé le pavois des grands jours de fête; les hauts mâts portent à leurs sommets la flamme de guerre. Le mistral, qui vient de balayer les nuages menaçants de la nuit, fait battre pittoresquement les drapeaux et les pavillons, dont les vives couleurs, dans la claire lumière d'un beau soleil d'automne méridional, sont radieuses. Le long des bastingages, sur les vergues et dans les hunes, les matelots forment des guirlandes animées. Autour des cuirassés énormes croisent incessamment, sveltes et rapides comme des hirondelles de mer, les tartanes, les youyous, les pointus, les yachts et les remorqueurs. De tous les bords, au milieu des coups de canon, on n'entend que des sonneries de clairons, des roulements de tambours, des trilles de sifflets, formant une marée de rumeurs à peine dominées par les tonnerres d'acier.

Au moment où le Président de la République aborde le vaisseau amiral le *Formidable,* le pavillon du chef de l'État est arboré au grand mât; la musique joue la *Marseillaise*, et les matelots crient : Vive la République! M. Carnot est reçu par l'amiral de Boissoudy, le commandant du cuirassé, les contre-amiraux et les commandants des vaisseaux des deux escadres françaises. Le ministre de la Marine adresse un compliment de bienvenue au Président de la République, qui le remercie affectueusement et aussitôt passe en revue l'équipage rangé sur le pont. Le commandant du vaisseau, monté sur la grande passerelle, informe que l'amiral Avellan se dirige sur le bord. Le commandant de l'escadre russe, accompagné de son état-major et des commandants de ses vaisseaux, est reçu au bas de la coupée par l'amiral de Boissoudy et par le commandant du *Formidable,* aux sons de l'Hymne russe, et conduit au salon d'honneur où se trouve M. Carnot. L'amiral Avellan renouvelle au Président de la République l'expression des sentiments de gratitude des officiers de l'escadre russe, pour tous les témoignages de cordiale sympathie que le gouvernement et le peuple français leur ont prodigués depuis leur arrivée en France. Après quelques minutes d'entretien, l'amiral prend congé de M. Carnot. L'amiral de Boissoudy et le commandant du *Formidable* le reconduisent à son canot.

Le Président de la République quitte le *Formidable,* salué par une salve de vingt et un coups de canon, que répètent tous les vaisseaux. Le cortège présidentiel parcourt lentement la

D'après photog. Carpiu-Marius.

Le Président de la République
à bord de l'*Empereur Nicolas I*er.

rade devant le *Cérès,* le *Lévrier,* le *Terrible,* le *Caïman,* l'*Indomptable,* le *Magenta,* le *Milan,* le *Saint-Louis,* la *Bombe* et la *Dragonne,* dont les équipages crient : Vive la République! en agitant leurs bérets. Les marins russes, juchés dans les hunes et sur les vergues, mêlent leurs voix vigoureuses à celles des marins français. Le Président aborde ensuite l'*Empereur Nicolas I*er, qui hisse immédiatement au sommet du grand mât le pavillon français. Au bas de l'échelle, il est reçu par l'amiral Avellan et le commandant du vaisseau, et en haut, par M. de Mohrenheim et les membres de l'ambassade de Russie. Les clairons sonnent, les tambours battent aux champs, la musique du bord joue la *Marseillaise* et l'équipage pousse les sept hourras réglementaires pour les souverains. M. Carnot passe en saluant devant les officiers, dont la longue file s'étend de la coupée à l'arrière. Arrivé là, au pied de la hampe du grand pavillon national russe, il s'incline respectueusement, et, se dirigeant sur l'avant, il passe en revue l'équipage, pieds nus, et qui, suivant le cérémonial pour le Tsar, adresse à « Sa Très Haute Excellence un unanime souhait de bonne santé ». Il visite en détail le vaisseau, et se repose quelques instants dans le salon d'honneur, où l'amiral Avellan remercie le Président de la République de « la nouvelle et suprême marque de sympathie donnée à l'escadre russe par la visite qu'elle a l'honneur de recevoir en ce moment. » A son départ de l'*Empereur Nicolas I*^{er}, M. Carnot reçoit les mêmes honneurs qu'à l'arrivée, et en plus une salve de vingt et un coups de canon. L'amiral Avellan et l'ambassadeur de Russie accompagnent à bord de l'*Amiral Nakimof* M. Carnot, qui ne reste pas là moins de vingt-cinq minutes, employées à une inspection complète du magnifique vaisseau. Sur le pont, le Président de la République prend congé du commandant de l'escadre russe et de M. de Mohrenheim. La visite de l'escadre est terminée. Au passage, les marins et les officiers du *Rynda*, du *Pamiat Azowa* et du *Teretz* saluent de hourras le canot présidentiel. Le cortège quitte la rade par le pont tournant de Missiessy et tous les vaisseaux français et russes tirent une dernière salve d'honneur. M. Carnot rentre à la Préfecture maritime, où il reçoit à déjeuner les ministres et les amiraux, et, à deux heures, il s'embarque de nouveau pour se rendre à la Seyne et assister là au lancement du *Jauréguiberry*.

La rade de la Seyne forme un tableau de marine d'une rare beauté. Au centre, sur le ciel bleu, le *Jauréguiberry* profile l'énorme masse rouge de sa carène. Il est superbe d'allure, le colossal vaisseau, qu'étaye une forêt d'épontilles et retient sur sa dalle un réseau de câbles et de chaînes de fer; son arrière incliné et son avant debout, les larges bandes en diagonale de sa ligne de flottaison et de sa future cuirasse, donnent déjà la sensation anxieuse d'un essai de plongeon. Les tribunes l'entourent d'une ceinture éclatante de draperies, de tentures, de pavillons et de drapeaux, avec la broderie des claires toilettes féminines et des uniformes étincelants. Des embarcations de tous genres couvrent la mer, jetant partout d'exquises fantaisies de couleurs, avec leurs voiles rouges triangulaires, leurs pavois multicolores et leurs coques zébrées.

D'après photographie Carpin-Marius.

RADE DE LA SEYNE. — Le *Jauréguiberry* avant le lancement.

La note pittoresque n'est pas moins abondante que variée. Sur les ponts, dans les hunes et aux cordages des vaisseaux à flot ou sur chantiers, le *Bouvines,* le *Cécille,* le *Linois,* etc., se sont hissés et juchés des milliers de spectateurs; il y en a jusque sur la grue à mâter. A ce tableau, les collines de pins et d'oliviers des caps Cépet et Sicié et le plateau vert de la Courtine donnent un cadre frais et aimable, dans l'atmosphère légère et tendre que leur fait le soleil sous le mistral.

Le lancement du *Jauréguiberry* en présence du chef de l'État et du commandant de l'escadre russe, délégué du Tsar, est un événement qui marquera une date importante dans l'histoire de la marine française. Par sa construction et par ses aménagements, ce vaisseau résume tous les progrès de la science nautique moderne. Les marins, les ingénieurs et les savants en ont suivi avec une attention passionnée toutes les phases de développement. Son état civil et sa description technique présentent de l'intérêt à ces points de vue. Le *Jauréguiberry* mesure 108^m,50 de long, 22^m,15 de largeur et dans son creux sur quille 14^m,65 : ce sont les plus grandes dimensions atteintes jusqu'ici dans ce type naval. Il déplace 11,818 tonneaux. Ses deux machines à pilons et à triple expansion, alimentées par 24 chaudières d'Allest, timbrées à 15 kilos, devront fournir une force de 14,200 chevaux, imprimant au vaisseau une vitesse maxima de 17 nœuds 5 dixièmes. Son armement comprendra deux canons de 30 centimètres et deux canons de 27, en tourelles fermées et tournantes munies d'une cuirasse de 40 centimètres en acier; les premiers en chasse et en retraite et les autres par le travers; huit canons de 14 centimètres à tir rapide, également en tourelles fermées et tournantes, quatre de 65 millimètres, douze de 47 millimètres à tir rapide et huit canons-révolvers de 37 millimètres. Il aura en outre six tubes lance-torpilles, dont deux sous-marins. La protection du *Jauréguiberry* sera assurée de bout en bout, par une ceinture cuirassée d'une épaisseur de 450 millimètres au milieu et 275 millimètres aux extrémités, et par un pont cuirassé de 70 millimètres. Le vaisseau portera deux mâts militaires et son équipage comptera 650 hommes. Quand le vaisseau sera entièrement achevé, son prix de revient atteindra près de 27 millions. Le *Jauréguiberry* a été mis en chantier le 23 novembre 1891; c'est ainsi l'une des constructions de l'État qui aura été poussée le plus activement.

A deux heures vingt, le canot présidentiel arrive au quai d'honneur. Il a à bord : M. Carnot, les ministres de la Marine, de l'Intérieur, des Finances et des Affaires étrangères, l'amiral Krantz et le général Borius. Le président et le directeur des Forges et Chantiers reçoivent le président de la République. La musique des équipages de la flotte joue la *Marseillaise,* les tambours battent aux champs, les soldats du 111e présentent les armes, et, aux acclamations de la foule, M. Carnot est conduit dans la tribune d'honneur établie à bord arrière du *Jauréguiberry,* où l'ont précédé de quelques instants l'amiral Avellan et son état-major, M. de Mohrenheim, le général baron Fréedérickz, les membres de l'ambassade de Russie, Mme l'amirale Jauréguiberry, son fils le capitaine de vaisseau Jauréguiberry, commandant l'*Alger,* le président du Conseil municipal de Paris, de nombreux députés et sénateurs, les officiers supérieurs de l'armée et de la marine. L'administration avait fait disposer sur le devant de la tribune une réduction du *Jauréguiberry,* à son état complet d'achèvement. Le commandant de l'escadre russe, pendant la cérémonie, a pris un vif intérêt à en étudier minutieusement toutes les parties.

Photographie Carpin-Marius.

A BORD DU « BOUVINES ». — Pendant le lancement du *Jauréguiberry.*

L'évêque de Fréjus, accompagné du clergé de Toulon, procède au baptême religieux du vaisseau. Il en fait processionnellement le tour et le bénit sur toutes ses faces. Arrivé devant la tribune officielle, il s'avance vers le Président de la République et lui adresse un discours, dans lequel, après avoir fait l'éloge des vertus civiques de l'amiral Jauréguiberry, il appelle les bénédictions divines sur le cuirassé qui va porter ce nom glorieux, et, en terminant, il émet le vœu de son cœur de prêtre et de citoyen que l'amitié de la France et de la Russie puisse enfin faire de ces deux grandes nations les gardiennes et les arbitres de la paix. A deux heures quarante-cinq, commence l'opération du lancement, sous la direction de l'ingénieur Fournier placé, avec son second, l'ingénieur Kauffer, sur une passerelle à l'avant du vaisseau. De vigoureux coups de maillet retentissent; quatre par quatre, les épontilles tombent avec fracas. Le *Jauréguiberry* se montre dans toute la beauté plastique de ses lignes pures et la majesté de sa carrure puissante. La foule applaudit. Mme Jauréguiberry, la marraine, coupe, avec une hache en argent, le câble appliqué sur les saissines qui retiennent le vaisseau. L'énorme masse remue, puis s'avance; on entend le déchirement des câbles, le craquement des chaînes. Et le *Jauréguiberry*,

A LA SEYNE.
Le *Jauréguiberry* à la mer.

glissant bientôt avec rapidité, se précipite à la mer au milieu d'un tourbillon d'écume, provoquant de larges vagues qui soulèvent les embarcations. La musique des équipages de la flotte et celle de *l'Indépendante* jouent la *Marseillaise* et l'Hymne russe, que couvrent les applaudissements et les hourras des spectateurs émerveillés. L'amiral Avellan et les officiers témoignent chaleureusement leur admiration. M. Carnot place la croix de la Légion d'honneur sur la poitrine de l'ingénieur Fournier, remet des médailles de travail à six ouvriers des Forges et Chantiers, et félicite le président et les administrateurs de la Compagnie pour le succès du lancement. Après un punch offert par la direction des Forges et Chantiers, le canot présidentiel regagne Toulon.

A sept heures, le Président de la République donnait à la Préfecture maritime un grand dîner auquel étaient conviés : MM. les ministres, le baron de Mohrenheim, le général baron Fréedérickz, de Giers, Schewtchine, de Montebello, l'amiral Avellan et ses aides de camp, les officiers supé-

rieurs russes, cinq lieutenants de vaisseau, cinq enseignes russes, l'aumô-
nier de l'*Empereur Nicolas I*er, le préfet maritime et tous les officiers
supérieurs du cinquième arrondissement maritime, l'amiral de Boissoudy,
l'amiral de la Jaille, les contre-
amiraux placés à la tête
des divisions et les capitaines
de vaisseau commandants de
navires ; M. Caillaux, président du conseil d'administration de la Compagnie Paris-
Lyon - Méditerranée ; le
général de Vaulgrenant, commandant le 15e corps d'armée ; le général commandant
la subdivision, l'évêque de
Fréjus, l'amiral Krantz, ancien
ministre de la marine ; M. Bret,
préfet du Var ; M. Périvier, sous-
préfet ; M. Ferrero, maire de
Toulon ; M. Fabre, maire de la
Seyne ; les sénateurs et les députés
du Var, le général Borius ; les colonels Chamoin, Dalstein et Pistor
et le commandant Marin-Darbel.
M. Carnot portait le grand cordon de l'ordre de Saint-André et
l'ambassadeur de Russie était en
uniforme de gala, ainsi que tout
le personnel de l'ambassade. Au

CRONSTADT. Juillet 1891.　　TOULON Octobre 1893.

Image populaire.

(Dessin de M. Kauffmann.)

dessert, le Président de la République a prononcé ce toast, que tous les
convives ont écouté debout :

Après les manifestations si spontanées, si cordiales et si loyalement pacifiques,
auxquelles donnèrent lieu, en Russie et en France, les visites échangées par nos
escadres à Cronstadt et à Toulon, j'ai à cœur de remercier la marine russe et la marine
française, que je réunis ici dans un même souhait de bonheur, d'avoir dignement rempli leur noble mission, en servant de trait d'union aux sympathies des deux peuples.

A la santé que j'ai l'honneur de porter à Leurs Majestés l'empereur Alexandre III et l'impératrice de Russie, je joins un toast qui répond aux vœux de tous : A l'amitié de deux grandes nations ! et, par elle, à la paix du monde !

Des applaudissements accueillent les paroles du Président de la République, qui vient de définir, avec une précision éloquente, le caractère diplomatique de la visite de l'escadre russe en France. La musique militaire joue l'hymne national de Russie. L'amiral Avellan se lève et adresse à M. Carnot ces paroles :

Monsieur le Président,

C'est le cœur plein d'émotion et d'une éternelle reconnaissance envers les autorités et toutes les classes du peuple, que nous vous remercions pour le chaleureux accueil, l'enthousiasme et la cordialité avec lesquels nous avons été reçus en France.

C'est un souvenir qui fera battre nos cœurs à chaque instant. Il nous est infiniment doux et agréable, au nom de la Russie reconnaissante, de témoigner au peuple français notre gratitude pour cette noble action.

Je le fais avec un grand plaisir et je me permets encore une fois de boire à la santé de M. le Président de la République et de la noble nation amie de la Russie, la France.

Pendant le dîner présidentiel, la musique des équipages de la flotte avait organisé un concert dans les jardins de la Préfecture maritime. Vers neuf heures et demie, au moment où l'on exécute l'Hymne russe réclamé avec insistance, les fenêtres du premier étage s'ouvrent; et M. Carnot, M. de Mohreinheim, l'amiral Avellan, le maire de Toulon, M. de Montebello, et la plupart des invités officiels se montrent au balcon. D'un bout à l'autre de la Place d'armes retentissent les cris de : Vive la Russie ! vive la France ! Le peuple, qui a le sentiment de la haute portée politique de cette apparition du Président de la République, ayant à ses côtés le chef de l'escadre russe et l'ambassadeur du Tsar, pendant qu'on entend les accents de l'hymne national de Russie, met dans l'ovation qu'il leur fait toute son âme et toutes ses forces. C'est un ouragan d'acclamations. M. Carnot salue affectueusement; M. de Mohreinheim lance un hourra en l'honneur de Toulon; les officiers russes demandent la *Marseillaise*. Quand elle est terminée, l'amiral Avellan se penche et fait signe qu'il veut parler; les voix s'arrêtent sur toutes les lèvres; l'amiral salue la foule d'un geste expressif de fière joie et crie : Vive Toulon ! vive la France ! Les Toulonnais, qui ne semblent plus avoir qu'un seul cœur et qu'une seule voix, répondent : Vive la Russie !

Aussitôt après la visite de l'escadre russe par le Président de la République, l'ambassadeur de Russie en télégraphiait au Tsar la nouvelle. Le soir même, Alexandre III adressait à M. Carnot cette dépêche :

Gatchina, 27 octobre, 11 h. 35 soir.

A Son Excellence monsieur le Président de la République française, Paris.

Au moment où l'escadre russe quitte la France, il me tient à cœur de vous exprimer combien je suis touché et reconnaissant de l'accueil chaleureux et splendide que nos marins ont trouvé partout sur le sol français.

Les témoignages de vive sympathie qui se sont manifestés encore une fois avec tant d'éloquence joindront un nouveau lien à ceux qui unissent nos deux pays et contribueront, je l'espère, à l'affermissement de la paix générale, objet de leurs efforts et de leurs vœux les plus constants.

ALEXANDRE.

De retour à Paris, le Président de la République répondait au Tsar :

Paris, 29 octobre.

A Sa Majesté l'Empereur de Russie, à Gatschina.

La dépêche dont je remercie Votre Majesté m'est parvenue au moment où je quittais, à Toulon, pour rentrer à Paris, la belle escadre sur laquelle j'ai eu la vive satisfaction de saluer le pavillon russe dans les eaux françaises.

L'accueil cordial et spontané que vos braves marins ont rencontré partout en France affirme une fois de plus, avec éclat, les sympathies sincères qui unissent nos deux pays. Il marque, en même temps, une foi profonde dans l'influence bienfaisante que peuvent exercer ensemble deux grandes nations dévouées à la cause de la paix.

CARNOT.

Le dimanche 29 octobre, dès le matin, l'amiral Avellan faisait ses visites d'adieu aux autorités civiles, maritimes et militaires de Toulon. Débarqué au quai de la Consigne, à neuf heures et demie, en compagnie de son officier d'ordonnance et du commandant Maréchal, l'amiral monte dans un landau et se rend successivement à la Préfecture maritime; à la Majorité de la flotte, auprès du contre-amiral Rocomaure; à la Majorité générale, chez le contre-amiral de Slane et à la Sous-Préfecture. A tous les fonctionnaires, il serre affectueusement la main et les remercie de leur accueil si gracieux, si cordial, déclarant qu'aucun marin de l'escadre n'oubliera jamais les belles journées passées en Provence. A l'Hôtel de Ville, l'amiral prie M. Ferrero de transmettre à la population toulonaise l'expression de toute sa reconnaissance et lui offre un tableau du peintre russe Blinof, que les invités du bal de la veille admiraient fort à bord du *Pamiat Azowa* et qui représente l'escadre russe en rade de Toulon. Au moment de cette visite, l'Union des Touristes d'Aix, venue en excursion, se trouvait devant l'Hôtel de Ville ; elle joue immédiatement l'Hymne russe et la *Marseillaise ;* la foule accourue fait une ovation au commandant de l'escadre et l'escorte jusqu'au quai d'embarquement. L'amiral Avellan se rend ensuite à bord du *Formidable* et du *Richelieu,* où il salue les amiraux de Boissoudy et de la Jaille ; et regagne définitivement l'*Empereur Nicolas I*er, pour diriger l'appareillage de l'escadre. Pendant ce temps, ce n'est en rade qu'un va-et-vient d'officiers français allant présenter à leurs « matelots » leurs adieux ; des centaines d'embarcations de tout genre font constamment le tour des vaisseaux russes, en fêtant une dernière fois par des chansons, des cris et des bouquets, les équipages, qui répondent chaleureusement à ces manifestations de sympathie. A deux heures, trois coups de canon, le signal du départ, retentissent à bord de l'*Empereur Nicolas I*er. L'escadrille française, qui, le 13, était allée saluer au large l'escadre russe, prend les devants, le *Davout* en tête. Le *Formidable* a répondu à l'*Empereur Nicolas I*er, coup pour coup. Sur tous les vaisseaux, en un clin d'œil, les haubans, les hunes, les bastingages, les vergues et les passerelles se couvrent de marins. Le grand silence qui règne sur toute la rade, à ce moment, est solennel. Tous les cœurs sont étreints par la même émotion poignante : celle de la séparation. L'*Empereur Nicolas I*er abandonne le corps mort auquel il était amarré. Il échange une nouvelle salve avec le *Formidable.* Son équipage s'élance sur le pont et dans les vergues. Marins et officiers agitent leurs casquettes et leurs bérets. L'amiral Avellan et l'état-major du vaisseau, sur la haute passerelle, saluent de la voix et du geste. Chaque vaisseau français devant lequel le beau cuirassé russe passe l'acclame de hourras et de cris de : Vive la Russie ! Vient ensuite le *Pamiat Azowa,* sa haute mâture enguirlandée de grappes humaines. Après lui appareille l'*Amiral Nackimof,* pavoisé de bas en haut ; le commandant Lavrof a fait munir tous ses matelots de deux drapeaux, français et russe, et leur a ordonné de se hisser partout, dans les vergues, sur les haubans et jusqu'aux capelages des trois-mâts de perroquet ; les officiers sont groupés sur la tourelle d'avant et crient : Vive la France ! Le *Hoche* ne veut point être en reste de démonstrations amicales. D'audacieux mathurins de son équipage grimpent prestement au sommet des mâts et en agitent la girouette en signe de salut. A bord du *Rynda,* la musique joue la *Marseillaise.* Le *Teretz* ferme le cortège, dont les adieux se font entendre jusque par delà le goulet. L'entrée des forts et des batteries avait été autorisée. Toute la rade se trouvait ainsi garnie d'une foule immense, dont les acclamations enthousiastes ont escorté l'escadre jusqu'à la haute mer. A cinq heures, escadre et escadrille atteignaient la passe d'Hyères. L'escadre russe y restera en rade quatre jours, pendant lesquels la municipalité et les habitants accueilleront cordialement les marins, et apporteront à toute heure, à bord des vaisseaux, des présents de fleurs et de fruits.

Verre franco-russe.

Le mardi soir, à cinq heures, elle quitte Hyères et appareille pour Ajaccio, où elle arrivera le lendemain à dix heures du matin. La ville a préparé une réception brillante à l'amiral et à ses marins. Toutes les maisons et tous les monuments sont pavoisés. La population couvre la jetée, les quais et la place du Diamant; le port est rempli de bateaux et d'embarcations de tout genre, qui ont arboré drapeaux et pavillons. Des musiques jouent l'Hymne russe et les cloches des églises sonnent à toutes volées. A midi, l'*Empereur Nicolas I*er jette l'ancre dans le port. M. Genella, secrétaire-général de la préfecture de la Corse, remplaçant le préfet absent, accompagné des conseillers de préfecture et de M. Ceccaldi, député d'Ajaccio, monte à bord du vaisseau-amiral, pour présenter au commandant de l'escadre les compliments de l'administration supérieure du département. Peu après, l'amiral Avellan reçoit la visite du Conseil municipal d'Ajaccio. Le maire, M. Petreto, lui adresse un discours, dans lequel il déclare, en termes chaleureux, que « le vœu ardent de la ville serait de voir, même au prix des plus grands sacrifices qu'elle ferait avec empressement, son port devenir le port d'attache de l'escadre russe dans la Méditerranée ». Le commandant répond par des remerciements pour l'accueil affectueux qui lui est fait par la ville d'Ajaccio. Il dit au maire qu'il a été très sensible aux généreuses propositions de la municipalité, pour l'établissement d'une station navale et la construction d'une église grecque, ajoutant que le gouvernement de Sa

Majesté l'empereur de Russie examinera avec le plus grand soin ces propositions. Il exprime tous ses regrets à la municipalité de ne pouvoir accepter l'offre gracieuse d'un lunch à l'Hôtel de Ville, en raison d'un accident arrivé à son bord et qui met en danger de mort deux marins; il promet à M. Petreto, en lui serrant la main, que, dans trois ou quatre mois, l'escadre russe mouillera de nouveau en rade d'Ajaccio; à cette heure, elle a reçu l'ordre de faire route immédiatement pour le Pirée. L'évêque de Corse vient ensuite féliciter l'amiral. A quatre heures, le commandant de l'escadre entrait en ville pour rendre visite aux autorités. La foule, qui ignore l'accident de l'*Empereur Nicolas Ier*, lui fait une ovation; des jeunes gens s'attellent à sa voiture et les femmes la couvrent de fleurs. Les étudiants présentent une adresse et un cadeau au nom de la jeunesse de l'île : un poignard corse à manche d'or et une gourde en cristal gravé, destinée à Mme Avellan. Le soir, la ville est illuminée et les musiques de la garnison organisent une retraite aux flambeaux.

Un des deux marins qui avaient été asphyxiés dans la soute aux peintures du vaisseau-amiral a succombé dans l'après-midi. Aussitôt que la nouvelle de cette mort a été connue, le Conseil municipal s'est réuni et a décidé d'adresser à l'amiral ses compliments de condoléance, d'accorder une concession perpétuelle dans le cimetière d'Ajaccio et d'assister en corps aux obsèques. Cette cérémonie funèbre provoquera une manifestation publique imposante. La population a accompagné le cercueil du marin russe au cimetière; la municipalité et les corporations l'avaient couvert de couronnes et de bouquets. Tous les magasins étaient fermés, et, sur la tombe, le maire prononçait un discours émouvant.

Le peuple français, qui la veille fêtait avec tant d'enthousiasme l'escadre, a témoigné ainsi de la façon la plus affectueuse, au peuple russe, son amitié sincère et profonde, dans la tristesse comme dans la joie.

Groupe en terre cuite offert par la ville de Boulogne-sur-Mer.

LES PRÉSENTS

Bol à punch offert par la Lorraine.

(Modèle de M. C. Martin. — Kauffer, orfèvre.)

Les manifestations d'amitié et de gratitude pour les officiers de l'escadre russe ont revêtu les formes les plus variées et les plus expressives. En outre des fêtes féeriques, des ovations enthousiastes, des adresses émues, des discours éloquents et des toasts chaleureux, on a voulu que les délégués de la Russie pussent conserver des souvenirs de la réception qui leur a été faite par la France. Ces souvenirs sont venus de tous les points du pays, de municipalités, de corporations, de sociétés, de cercles, de comités, de syndicats, d'écoles, de groupes et de citoyens ; chacun inspiré par une pensée de tendre affection, de loyale reconnaissance, de patriotisme ardent et de fier orgueil de la cité ou de la province ; et présentant par là une physionomie spéciale, pleine de caractère, d'originalité et de sentiment. Nos amis auront ainsi constamment sous les yeux quelque chose du plus intime de nous-mêmes.

L'idée sociale qui unit si étroitement les deux grands peuples de l'Orient et de l'Occident de l'Europe, dans une communion cordiale d'ambitions, de rêves et d'espérances, est celle de la paix du monde. Le mythe antique d'Athènes, la Minerve grecque, la déesse aux yeux d'azur, s'élançant tout armée de la tête de Jupiter, se renouvelle à la fin du xixᵉ siècle ; et, comme dans l'Hymne homérique, le vaste Olympe, celui des dieux du jour, « en est profondément ébranlé, et à l'alentour la terre en rend un son éclatant ». Le premier présent public offert à l'amiral Avellan, le messager du Tsar, l'hommage de la capitale de la France, du cœur du pays, est un symbole superbe de cette évocation mythique, une personnification majestueuse de cette grande idée : la *Paix armée,* de M. Coutan. Le visage doux et fier, la clarté radieuse des nobles aspirations dans les yeux, le sourire de la grâce forte aux lèvres, la Paix appuie ses mains sur la poignée d'une épée enguirlandée de lierre, et pose ses pieds sur une corne d'abondance. Ses grandes ailes s'éploient dans l'atmosphère calme et ensoleillée des beaux jours, qui ont succédé aux tempêtes. Chaque vaisseau de l'escadre a reçu cette image, en bronze, pour être placée dans le salon d'honneur, comme le palladium

La « Pensée », par Chapu.
(Bronze de Thiébaut frères.)

de l'alliance pacifique scellée entre la France et la Russie, par les acclamations de leurs peuples.

La municipalité parisienne a fait remettre à tous les officiers de l'escadre une reproduction en bronze de la *Pensée,* de Chapu, manifestant là encore, avec une précision éloquente, sa volonté de résumer, dans une œuvre d'art symbolique, nos sentiments intimes. Elle a fait joindre, à ce présent du cœur, une médaille d'argent aux armes de la Ville, un exemplaire du

La « Paix armée », par M. Coutan.
(Bronze de Thiébaut frères.)

Paris, de M. Vitu, du *Paris ignoré,* de M. Strauss, des *Statues de l'Hôtel de Ville,* par M. G. Veyrat, et du *Musée national du Louvre,* par G. Lafenestre et Richtenberger; afin que nos amis retrouvent dans tous ces livres, consacrés à la gloire de Paris, tout ce qu'ils y ont admiré. En outre, chaque marin a reçu un album des vues de la capitale et une épingle de cravate en vieil argent.

La capitale de la France ayant réalisé sous une forme aussi élevée qu'éclatante la pensée du pays tout entier, pensée dont rien ne peut altérer la sereine et haute leçon diplomatique, les autres municipalités ont eu l'heureuse inspiration de donner à l'expression de leurs sentiments un caractère original de spécialisation régionale ou locale. Il en est résulté une série d'œuvres d'art superbes, de créations ingénieuses et de fantaisies délicates; dont une, où tout cela est réuni, et que le Tsar a daigné accepter, constitue une manifestation grandiose, dont le souvenir restera impérissable, et qui causera en Russie une profonde sensation.

Dès que la nouvelle de l'arrivée en France d'une escadre russe fut connue, les départements de la Meuse, des Vosges et de Meurthe-et-Moselle formèrent un Comité régional, chargé de préparer la composition d'un testimonial de reconnaissance de la Lorraine à l'Empereur de Russie et à la nation russe. Une souscription publique atteignait en peu de jours le chiffre de cinquante mille francs. Le Comité pouvait immédiatement mettre à exécution trois beaux projets, avec le concours exclusif d'artistes et d'industriels du pays, ayant tenu absolument à ce que ce testimonial soit l'expression intime du génie et du cœur des Lorrains. Le premier présent est un Livre d'or de la Lorraine. En tête, le Livre d'or contient cette adresse :

LES FIDÈLES LORRAINS SONT HEUREUX DE CÉLÉBRER
L'AMITIÉ QUI LIE LES DEUX GRANDES NATIONS EUROPÉENNES
POUR L'ŒUVRE DE PAIX ET DE JUSTICE.
UNIS DANS UN MÊME SENTIMENT DE FIERTÉ ET D'ALLÉGRESSE PATRIOTIQUE,
ILS SALUENT AVEC ÉMOTION
L'ARRIVÉE D'UNE ESCADRE RUSSE DANS LA MÉDITERRANÉE.
LES DIX-SEPT CENT TREIZE COMMUNES, LES CINQ CENT VINGT
SOCIÉTÉS ET LA PRESSE DE LORRAINE ONT SIGNÉ SUR CE LIVRE
D'OR ET ENVOIENT A LA NOBLE, A LA VAILLANTE RUSSIE, L'AFFIR-
MATION UNANIME DE LEUR CONFIANTE, LOYALE ET FRATERNELLE
AFFECTION.

VIVE LA RUSSIE !
VIVE LA FRANCE !

Ce document porte les armes, les sceaux et les cachets de toutes les municipalités, associations et corporations de la Lorraine. Le Comité avait demandé à M. Mézières, député de Briey, une préface. L'éminent membre de l'Académie française, s'inspirant des plus hauts sentiments d'un Français et d'un Lorrain, a écrit cette belle page, d'une rare éloquence :

Va, Livre d'or de la Lorraine, vers la Néva, vers Moscou, vers l'Oural, vers la mer Caspienne, vers l'Asie lointaine, partout où flotte le drapeau russe, porter le salut fraternel d'un peuple ami.

Dis bien que, sur cette terre éminemment française, aucun de nous n'oublie que, l'année dernière, dans une circonstance solennelle, Nancy, notre vieille capitale, a reçu la visite du grand-duc Constantin. Ce souvenir reste gravé au fond de nos cœurs. Nos hommages se sont partagés, ce jour-là, entre le représentant de l'Empereur de Russie et le Président de la République française.

Cronstadt, Nancy, Toulon : trois dates mémorables dans notre histoire, trois anneaux d'une même chaîne, gages définitifs d'amitié et de con-

Adresse des Lorrains.
(Composition de M. V. Prouvé.)

fiance entre deux généreuses nations.

Nous connaissons les devoirs que nous imposent de si grands témoignages de sympathie. Notre race de patriotes et de soldats saura les remplir jusqu'au bout avec fidélité.

Tous les artistes lorrains avaient été invités à envoyer une composition pour orner le Livre d'or. Soixante-dix, parmi lesquels MM. Français, Feyen, Friant, Henri Lévy, Bartholdi, Bettanier, Ganier, Jacquet, Leroux, Licourt, Meyer, Petit-Jean, Revel, Thiriot, Vierling, Voirin, Aubé, Montchablon, Henri Royer, Save, de Meix-

Préface du LIVRE D'OR.
(Composition de M. Auguin.)

23

moron, etc., répondirent à l'appel de leurs concitoyens. Leurs œuvres, originales et inédites, ont composé un album artistique précieux. M. Victor Prouvé était chargé d'illustrer la première page de l'adresse. Il l'a fait avec bonheur, dans un sentiment artistique de modernisme délicat et de symbolisme touchant. La Lorraine, vêtue d'une robe de deuil, tête nue, le visage empreint d'une mélancolie souriante, appuyée sur un écusson aux armes de la province, s'incline, dans un gracieux mouvement de confiance affectueuse, vers la Russie, une belle femme en costume de marin, le pied posé sur une ancre, et qui salue la Lorraine d'un geste amical et fier.

La préface de M. Mézières a été encadrée, par M. E. Auguin, dans une composition architecturale de très grand goût. Au sommet du fronton d'un édicule de style Renaissance est la figure de la Lorraine, entre deux pinacles formés de bombes à feu. Dans l'entablement aux cariatides puissantes sont insérées les armes de la province. Sur la corniche inférieure se dressent des sphinx et les allégories du Commerce et de l'Industrie. De chaque côté du panneau central, l'artiste a placé les statues équestres de René II et de Jeanne d'Arc. Le soubassement porte les armes de Russie et un cartouche, où se voit la rade de Cronstadt, avec l'inscription : « Nancy et Toulon ».

A ce Livre d'or, le Comité a donné une enveloppe digne de ce qu'il contient, œuvre de M. Wiener, de Nancy. La couverture est revêtue d'un marocain du Levant de couleur citron. Le plat supérieur porte un cartouche, avec l'inscription : « La Lorraine à la Russie », et une figure de femme, vêtue d'une robe violette fort simple : la Lorraine tenant à la main une pensée qu'elle présente à la Russie, en témoignage de bienvenue amicale, le sourire aux lèvres et la joie dans les yeux. Une bande rouge d'alérions en grisé argenté coupe le plat en diagonale. Les armes de la province encadrées de branches d'olivier et un cartouche avec le mot « Pax » décorent le plat de dessous. Des chardons entrelacés de banderoles et les écus de Nancy, de Bar-le-Duc et d'Épinal couvrent le dos du volume. Les coins en argent massif sont formés de tortillons de chardons ; le fermoir est un alérion sur croix de Lorraine. MM. Victor Prouvé et C. Martin ont donné les dessins de cette couverture. Pour supporter ce monument artistique, une table a été demandée au grand artisan lorrain, M. Émile Gallé, qui a fait là, de nouveau, œuvre de

haute maîtrise. Ce meuble est tout un poème, dont la composition
se lie étroitement à la pensée patriotique qui a inspiré le Livre d'or.
Il y a là, dans la matière, qui ailleurs paraîtrait inerte, une âme.
Tout, les fleurs, les feuilles, les plantes, les brindilles, les radicelles, etc.,
est une idée vivante, ingénieuse et pittoresque, qui dit quelque chose
de tendre et d'ému, venant du cœur. La tablette se trouve, selon
la description même de son auteur, sertie d'une ceinture en cuivre

Table du LIVRE D'OR de la Lorraine.
(Œuvre de M. Émile Gallé.)

jaune et rosette, découpée à jours et martelée, figurant des flots marins
semés de corolles de « souvenirs », et l'entrelacement du chêne gaulois
et du pin de Riga, noués de liens de pervenche, avec, pour devise, l'éty-
mologie du nom français de la fleur, « pervincio », qui signifie : « J'unis
et j'attache ». Le dessus de table est une mosaïque de deux mètres de
long sur un mètre de large, représentant, à l'aide de bois multicolores
incrustés, les herbes du pays lorrain, avec leurs noms populaires, et
ceux des localités où elles se rencontrent : le sapin des Vosges, la par-
nassie de Remiremont, le genêt de Raon, la fougère aquiline de Cirey.
Ainsi, la grande gentiane symbolise le Donon antique et Dabo ; la mérise,
le Val-d'Ajol ; l'osmonde royale, Saint-Dié ; le lis des bois, Domremy,
la Jeannette et l'herbe à la Vierge, Vaucouleurs ; la gueule-de-lion ;
Belfort. Ce buisson de blanche épine qui file en bordure perlée, c'est Épinal.
La saponaire, c'est Dombasle aux soudières géantes ; la lunaire, Luné-
ville ; le charme, Charmes-la-Côte. Avec leurs pompons et leurs fusées

de fleurs, l'orchis militaire, l'orchis suave et le sabot de la Vierge rap-
pellent les villes et les bourgs sur la Moselle, Toul, Dieulouard, Frouard,
Pompey et Liverdun ; et tous ces noms s'entortillent aux rameaux comme
des lianes. Nancy se signe d'un chardon nerveux et coquet, Bruyères-
le-Châtel se marque par un rameau de sa bruyère ; et le Valtin, par un
brin de myrtille. Trois pensées disent Bar-le-Duc; le châtaignier, Châ-
tenois ; la fléchière, Pont-à-Mousson ; le nénuphar nain et l'isoète,
Gerardmer et les lacs de la montagne. Enfin cette touffe de violettes des

Mosaïque de la Table du LIVRE D'OR.

champs apporte l'offrande du plus humble village, Réchicourt-la-Petite.
Cependant, le Livre d'or recouvre et cache, comme dans un asile de mys·
tère, une croix lorraine fleuronnée en floraisons de diélytras, symbole
d'union cordiale. Aux branches de la croix s'enlacent des végétations de
deuil. C'est :

Le langage des fleurs et des choses muettes.

Mais tout au fond du tableau ligneux, un horizon plus clair se
déroule au souffle matinal, qui met en déroute les oiseaux nocturnes.
Une légende s'inscrit sur les palmes et les corolles ; elle nous dit à nous-
mêmes comme elle redira longtemps à nos amis russes : « Gardez les
cœurs qu'avez gagnés. » La table porte sur quatre colonnades fleuries
de myosotis et de frondes de fougères en bronze ciselé. Le tympan de

Couverture du LIVRE D'OR offert par la Lorraine a S. M. l'Empereur de Russie

Exécutée par MM. V. Prouvé, C. Martin et R. Wiener.

l'entre-jambe est formé d'un bouquet de l'héraldique chardon de Lorraine. Par une délicate pensée de solidarité artistique, M. Émile Gallé a tenu à inscrire, dans une adresse autographe que contient l'intérieur du tiroir, les noms de tous ses collaborateurs, artistes et ouvriers.

Le Livre d'or de la Lorraine a été présenté par une délégation des trois départements de Meurthe-et-Moselle, de la Meuse et des Vosges, à M. de Mohrenheim, pour être transmis au Tsar. L'ambassadeur de Russie a déclaré, avec autant d'émotion qu'en témoignait le chef de la délégation, qu'il se ferait auprès de l'Empereur l'interprète des sentiments des habitants de ces départements en remettant à Sa Majesté l'empereur Alexandre III le Livre d'or de la Lorraine, lorsqu'il ira, à Saint-Pétersbourg, rendre compte de l'accueil fait par la France à la marine russe.

Le Comité du Livre d'or a tenu à ce que tous les officiers et tous les marins de l'escadre en aient un souvenir spécial. L'adresse au Tsar et la préface

---

EXTRAIT
DU
LIVRE D'OR
OFFERT PAR
LA LORRAINE A LA RUSSIE
A L'OCCASION DE L'ARRIVÉE
de
L'escadre-Russe à Toulon
Le 13 Octobre 1893

Les FRÈRES LORRAINS sont heureux de célébrer l'amitié qui lie les deux Grandes Nations Européennes pour l'œuvre de paix et de justice.

Unis dans un même sentiment de fierté et d'allégresse patriotiques, ils saluent avec émotion l'arrivée d'une Escadre Russe dans la Méditerranée.

Les dix-sept cent treize communes, les cinq cent vingt Sociétés et la Presse de Lorraine, ont signé sur ce Livre d'Or et envoient à la noble, à la vaillante Russie, l'affirmation unanime de leur confiante, loyale et fraternelle affection.

Vive la Russie!

Vive la France!

Toutes les Communes, toutes les Sociétés, tous les journaux de Lorraine ont signé cette Adresse et y ont apposé leur cachet.

ВЫДЕРЖКА
ИЗ
ЗОЛОТОЙ КНИГИ
ПРЕДЛОЖЕННОЙ
ЛОТАРИНГІЕЙ въ даръ РОССІИ
по случаю прибытія
Русской Эскадры въ Тулонъ
13 Октября 1893

Вѣрные Лотарингцы счастливы праздновать дружбу, соединяющую двѣ полавія европейскія націи и служащую залогомъ мира и правосудія.

Соединенные въ единомъ чувствѣ патріотической гордости и ликованія, они привѣтствуютъ съ душевнымъ волненіемъ прибытіе русской эскадры въ Средиземное море.

Всѣ тысяча семьсотъ тринадцать округовъ, пятьсотъ двадцать обществъ и лотарингская пресса, подписавшіеся на золотой книгѣ, посылаютъ благородной, доблестной Россіи единодушное подтвержденіе ихъ завѣтной, честной и братской любви.

Да здравствуетъ Россія!

Да здравствуетъ Франція!

Всѣ коммуны, всѣ общества и всѣ газеты Лотарингіи подписали этотъ адресъ и приложили свою печать.

EXTRAIT
DU
LIVRE D'OR
OFFERT PAR
LA LORRAINE A LA RUSSIE
A L'OCCASION DE L'ARRIVÉE
de
L'escadre Russe à Toulon
Le 13 Octobre 1893

VA, livre d'or de la Lorraine, vers la Newa, vers Moscou, vers l'Oural, vers la mer Caspienne, vers l'Asie lointaine, partout où flotte le drapeau russe, porter le salut fraternel d'un peuple ami. Dis bien que, sur cette terre éminemment française, il n'y a pas une commune qui ne soit pénétrée du même sentiment. Aucun de nous n'oublie que, l'année dernière, dans une circonstance solennelle, Nancy, notre vieille Capitale, a reçu la visite du Grand Duc Constantin. Ce souvenir reste gravé au fond de nos cœurs. Nos hommages se sont partagés de journal, entre le représentant de Sa Majesté l'Empereur de Russie et le Président de la République Française. Cronstadt, Nancy, Toulon, trois dates mémorables dans notre histoire, trois anneaux d'une même chaîne, gages définitifs d'amitié et de confiance entre deux généreuses nations! Nous connaissons les devoirs que nous imposent de si grands témoignages de sympathie; notre race de patriotes et de soldats saura les remplir jusqu'au bout avec fidélité!

A. MÉZIÈRES
DE L'ACADÉMIE FRANÇAISE.

ВЫДЕРЖКА
ИЗ
ЗОЛОТОЙ КНИГИ
ПРЕДЛОЖЕННОЙ
ЛОТАРИНГІЕЙ въ даръ РОССІИ
по случаю прибытія
Русской Эскадры въ Тулонъ
13 Октября 1893

Иди, золотая книга Лотарингіи, къ берегамъ Невы, къ Москвѣ, къ Уралу, къ Каспійскому морю, къ дальней Азіи, всюду гдѣ развѣвается русскій флагъ; неси туда братскій поклонъ дружественнаго народа.

Скажи, что на этой землѣ, вполнѣ французской, нѣтъ ни одного округа который бы не былъ одушевленъ однимъ чувствомъ. Никто изъ насъ не забылъ что въ прошедшемъ году, въ торжественныхъ обстоятельствахъ, Великій Князь Константинъ Константиновичъ, благоволилъ посѣтить нашу старую столицу. Воспоминаніе это останется запечатлѣно въ сердцахъ нашихъ. Наши понятія дѣлились въ этотъ день между Его Величествомъ Императоромъ Всероссійскимъ и Президентомъ Французской Республики.

Кронштатъ, Нанси, Тулонъ, три достопамятныя числа нашей исторіи, три звена одной цѣпи, рѣшительный залогъ дружбы и довѣрія между двумя великодушными народами.

Мы знаемъ къ какимъ обязанностямъ принуждаютъ насъ такія симпатическія удостовѣренія; наше патріотическое и солдатское племя сумѣетъ исполнить ихъ до конца и съ вѣрностью.

А. МЕЗІЕРЪ
Французской Академіи.

de M. Mézières ont été reproduites, avec un double texte en français et en russe ; on a inséré ces reproductions, exécutées par MM. Berger-

Cartonnage de l'Extrait du LIVRE D'OR
offert aux officiers et aux marins de l'Escadre russe.

Levrault, dans un cartonnage artistique qui présente, gravées en argent sur les plats, d'un côté les armes de Lorraine de l'autre, celles de Russie.

Un bronze d'art, *la Soif,* de M. V. Prouvé, a été offert personnelle-

Phot. Royer.   Coupe en argent ciselé.
(Modèle de M. Cardin. — Daubrée, orfèvre.)

Verres en cristal.
(Daumm frères, verriers.)

ment par le Comité à l'amiral Avellan ; et chacun des navires de l'escadre a reçu des pièces d'orfèvrerie de table : une coupe et un bol à punch. La coupe est en forme de bateau, décorée d'ancres, de chardons, de

rinceaux de style Louis XV, et supportée par quatre dauphins; deux
cartouches, l'un aux armes de Lorraine, l'autre à celles de Russie,
ornent la panse; au-dessus, une banderole contient le nom du vaisseau.
M. E. Cardin en a donné le modèle, et la maison Daubrée, de Nancy, l'a
exécutée. Le bol à punch, dont la composition est de M. Camille Martin, et

Tableau en faïence de Longwy.
(Composition de M. Carrière. — Cadre de M. d'Albret.)

qui sort des ateliers de M. Kauffer, est non moins original. Des branches
de chardons en décorent le pourtour, et leurs retombées en figurent les
pieds. La bordure du bol porte en lettres, entrelacées de plantes régio-
nales, l'inscription : « La Lorraine à la marine russe ». Le nom du
vaisseau est inscrit sur un cartouche. Toutes ces pièces sont en argent
massif. A chaque officier a été distribué un verre en cristal ambré et
émaillé, orné de motifs de décoration symboliques, des armes de Lorraine et de Russie, des devises lorraines : « Plus penser que dire »,

« Qui s'y frotte s'y pique », et de la légende « In spem ». MM. Daumm frères, les maîtres verriers de Nancy, ont fait ces verres. M. de Mohrenheim a été prié par M. Mézières de vouloir bien accepter un tableau en faïence de Longwy, par M. Carrière, dans un cadre de M. d'Albret. L'amiral Avellan a remercié chaleureusement la délégation pour les présents magnifiques qui étaient offerts au commandant, aux officiers et aux marins de l'escadre russe, en ajoutant que ces précieux souvenirs de la Lorraine seraient conservés par eux pieusement.

La plupart des municipalités imitent la Lorraine, en demandant exclusivement aux artistes et aux industriels

Montre offerte par la ville de Besançon
à S. M. l'Impératrice de Russie.

de la région les éléments constitutifs de leurs testimonials. La ville de Besançon a organisé une double souscription, en argent pour le public, en nature pour les fabricants d'horlogerie, pour offrir à la marine russe des œuvres de l'industrie bisontine. La souscription financière, à peine ouverte, couvrait les frais nécessaires pour réunir de magnifiques bijoux, en même temps que la générosité des industriels permettait d'étendre à tous les officiers supérieurs de l'escadre les envois du Comité. Le 14 octobre, une délégation du Conseil municipal se présentait à Toulon, à bord de *l'Empereur Nicolas I*[er], et remettait,

Montre offerte par la ville de Besançon
à Mme de Mohrenheim.

avec une adresse, à l'amiral Avellan : 1° un chronomètre de poche en or, de haute précision, qui a obtenu 198 points à l'Observatoire national de Besançon, le plus haut chiffre d'épreuves atteint jusqu'à ce jour; sur la boîte de ce chronomètre sont gravées les initiales A. F. de l'amiral Avellan; 2° un chronomètre en argent, dit pour torpilleur, destiné au commandant de *l'Empereur Nicolas I*^{er}; 3° soixante-quinze montres en or ou en argent pour les officiers supérieurs. En même temps, la municipalité faisait adresser à l'ambassadeur de Russie, par l'intermédiaire du président du Conseil, ministre de l'Intérieur, deux montres-bijoux, destinées à l'Impératrice de Russie et à Mme de Mohrenheim. La première est une savonnette de dix lignes à ancre; sur l'un des fonds, des roses de diamants dessinent le chiffre de Sa Majesté, M. F. (Maria Feodorovna); et, sur l'autre, la couronne impériale; les lunettes sont garnies d'une bordure de diamants. La ville de Montbéliard a eu la même galanterie gracieuse à l'égard de la Tsarine et de Mme de Mohrenheim.

La ville d'Annecy, chef-lieu du département où est située l'École nationale d'horlogerie de Cluses, a voulu aussi faire présent à l'amiral Avellan d'une œuvre d'art représentant la principale industrie artistique de la Savoie. Elle a commandé à l'École un chronomètre de poche en or à double boîtier ; la pièce porte gravée à l'extérieur, d'un côté le chiffre de l'amiral, un A enlacé dans un ancre, de l'autre les armes de la ville d'Annecy, un écusson de gueules à la truite d'argent marquetée de sable et de gueules mise en bande, affronté de deux taureaux debout et surmonté d'une couronne murale. Enfin les sapeurs-pompiers de Morteau se sont cotisés pour envoyer une montre d'argent au plus jeune marin.

Chronomètre
offert par la ville d'Annecy
à l'amiral Avellan.

La ville de Limoges a tenu aussi à honneur de donner à l'escadre russe un témoignage de sympathie, qui fût en même temps l'expression du génie artistique de son industrie séculaire. Une souscription publique a été ouverte par un comité dit « Comité du Souvenir aux Russes », dont le général Poillou de Saint-Mars avait accepté la présidence d'honneur. Avec son produit, le Comité a acquis deux pièces en porcelaine de

Limoges : une coupe décorée sous émail, de 1 mètre 10 de hauteur, exécutée d'après le modèle de MM. Cavaillé-Coll et Rouillard, élèves de l'École nationale des Arts décoratifs de Paris, par M. Guérin-Lezé, et une paire de lampadaires, de Carrier-Belleuse, sortie des ateliers de M. Raymond-Laporte. Les lampadaires, d'une hauteur de 75 centimètres, sont formés par une figure de femme assise sur un siège Renaissance, et tenant de chaque main un plateau qui supporte un petit vase où sont représentées en émail limousin les armes de France et de Russie. Ces deux présents portent l'inscription : « Les habitants de Limoges à la marine russe. »

De son côté, l'École nationale des Arts décoratifs de Limoges remettait à M. de Mohrenheim un grand vase bleu, décoré des armes de la ville, modèle de M. Quénioux.

L'Impératrice de Russie a bien voulu agréer de la Chambre de commerce de Lyon un souvenir de la visite des officiers de l'escadre russe dans cette grande cité artistique et industrielle. La Chambre a choisi, parmi les plus belles créations nouvelles de la fabrique lyonnaise, dix pièces de soieries pour robes, qui sont des chefs-d'œuvre de décoration et de tissage.

Lampadaire de Carrier-Belleuse
offert par Limoges.

De son côté, le Comité lyonnais des fêtes franco-russes a fait tisser et broder, par des artistes de la ville, huit drapeaux russes, qui ont été remis à l'amiral sous la coupole du palais de l'Exposition de 1894, au parc de la Tête-d'Or, pendant le vin d'honneur. Un de ces drapeaux, destiné au Tsar, est aux armes impériales. Six reproduisent le pavillon de la marine russe, blanc à la croix de Saint-André bleue ; ils sont en pou-de-soie blanc, spécialement tissé d'une seule pièce, et mesurent 1^m,20 de large sur 1^m,40 de long ; la croix de Saint-André bleue est entièrement brodée au petit point double face ; les franges sont en or fin. La cravate, de même étoffe que le drapeau, porte deux inscriptions brodées or fin, sur un bout : « Lyon à la Russie » ; sur l'autre : « Cronstadt,

1891 — Toulon, 1893. » La hampe, en bois des îles, décorée de riches
garnitures de bronze doré, a 2ᵐ,5o de hauteur. Chacun des cinq vaisseaux venus à Toulon a reçu un de ces drapeaux. Le sixième flottera
sur le yacht impérial, l'*Étoile polaire.* Un huitième a été exécuté
pour l'amiral Avellan. Aux couleurs nationales russes, trois bandes
horizontales, blanche, bleue et rouge, il
porte au centre un écusson aux armes de
la ville de Lyon, entouré d'une branche
de chêne et d'un rameau d'olivier, avec
l'inscription : « Lyon à la Russie. » Le
même Comité, désirant faire hommage à la
Tsarine d'une création spéciale d'une autre
industrie artistique lyonnaise, la broderie, une artiste, Mᵐᵉ Leroudier, a brodé,
sur feuillets de soie qui ont été réunis
en volume relié aux armes de la ville,
une adresse en vers écrite par Jean
Aicard. En outre, les chambres syndicales de la Fabrique ont organisé entre
leurs membres une souscription pour envoyer à tous les marins de l'escadre un
souvenir original : un foulard de soie portant les armes de Lyon et les drapeaux
français et russe, avec l'inscription : « La
ville de Lyon aux marins russes. » Enfin,

Lampadaire de Carrier-Belleuse
offert par Limoges.

le préfet du Rhône, au nom du département et de la ville, a remis à
l'amiral un surtout de table en argent, œuvre d'un orfèvre lyonnais,
M. Grognier-Arnaud.

Saint-Lô a possédé autrefois des ateliers de bijouterie, célèbres en
Normandie par les beaux bijoux qui en sortaient, et dont la composition,
à voir les exemplaires que possèdent les musées et les amateurs, se distingue
toujours par un grand cachet d'originalité et par la richesse du décor. Les
habitants de cette ville ont estimé que des bijoux laudois anciens seraient,
pour le commandant de l'escadre russe, un agréable souvenir de la vieille
Normandie ; ils lui ont envoyé une croix de Saint-Lô, un Saint-Esprit
et un esclavage. La croix de Saint-Lô, de fabrication du xvıᵉ siècle, se

Les bijoux de Saint-Lô.

compose de cinq grosses pierres du Rhin, d'une très belle eau, avec de nombreuses petites pierres sur ses branches d'or. Dans le Saint-Esprit, bijou très populaire dont l'origine remonte à la fondation par Henri III de l'ordre de chevalerie de ce nom, l'or disparaît sous les pierres précieuses, serties avec le goût le plus fin. Quant à l'esclavage, de création plus récente, bien qu'il remonte encore au commencement du xviiie siècle, c'est un collier d'or, à multiples chaînons, aujourd'hui encore très en faveur auprès des riches paysannes normandes.

Alençon a fait exécuter pour la Tsarine un éventail et un mouchoir en point d'Alençon ; la commune de Sainte-Florine, dans la Haute-Loire, pour la femme de l'amiral Avellan, trois parures en ces belles dentelles à la main du Velay, universellement renommées.

La célèbre fabrique de coutellerie de Thiers se trouvant dans la région où il est publié, le *Moniteur du Puy-de-Dôme* a pensé qu'il ne pouvait mieux imaginer, comme manifestation typique, que d'ouvrir une souscription pour donner à tous les hommes de l'escadre un couteau de matelot. Cette souscription dépassait toutes les prévisions. En

Les couteaux de Thiers.

quelques jours, il était recueilli une somme de plus de sept mille francs;
ce qui a permis de faire présent, en outre, à l'amiral Avellan, d'un coffret
en argent, ciselé par M. Diomède, et d'un couteau de chasse; à chaque
officier, d'un couteau de luxe, et de boîtes de fruits confits d'Auvergne à
tous les vaisseaux. Le Conseil général du Gard a voté une somme impor‑
tante pour l'exécution, à l'intention du commandant de l'escadre, de
deux panneaux décoratifs en tissu d'ameublement de la fabrique de
Nîmes. Lors de son passage à Lyon, l'amiral recevait, de la Chambre de
commerce de Saint-Étienne, le modèle le plus perfectionné d'armurerie
fabriqué spécialement par la Société stéphanoise d'armes : un fusil

Le fusil offert par Saint-Étienne.

Hammerless de calibre 164, dont le pontet porte, gravé en lettres d'or,
le chiffre de l'amiral et les armes de la cité. Il était joint à ce présent
les dernières créations artistiques de l'industrie des rubans et des
velours.

Un présent d'une rare originalité est celui de la ville de Digne : une
plume d'aigle royal des Alpes, montée en or, et ornée de six étoiles en
pierres précieuses fossiles, avec une adresse en provençal.

La plume était accompagnée de cinq épingles en or décorées de
pierres de Saint-Vincent, dites « ancrines », spécialité de bijoux des
Alpes, destinées aux commandants des vaisseaux; et de cent trente et une
épingles en argent, du même genre, pour les officiers.

La Société des Félibres a adressé à l'amiral un exemplaire de la
grande édition, en provençal, de *Mireio,* de Mistral, illustrée par M. Ber‑
nard, et portant à la première page, de la main du « Capoulié doù Féli‑
brige », Félix Gras, une fort galante dédicace. Renfermé dans un sachet
de soie aux armes de France et de Russie et aux couleurs des deux
nations amies, ce poétique souvenir ne sera pas un de ceux qui agréeront
le moins à l'amiral Avellan.

Combien aussi le commandant de l'escadre russe a dû être touché

profondément par le présent d'une tendresse si exquise de Saint-Raphaël :
un petit livre, imprimé à un seul exemplaire, contenant les belles pages
de Pierre Loti sur la mort de l'amiral Courbet !

La ville de la Réole imaginait de son côté un testimonial bien caractéristique et d'une charmante fantaisie : emblème de la viticulture girondine. Sur une tablette mesurant soixante-quinze centimètres de haut et
cinquante centimètres de large, deux ceps de vigne en métal, l'un rouge,
l'autre blanc, forment une double palme qui encadre un cartouche
aux armes de la Russie, dont la couronne impériale est brodée en or sur
fond de satin, avec émeraudes et rubis. Au bas, un ruban tricolore, portant l'inscription: « Souvenir des dames et des habitants de la Réole », noue
un bouquet de myosotis. Dans le feuillage des ceps de vigne sont semés
des coquelicots, des bluets, des marguerites et des boutons-d'or, dont les
nuances, par leurs combinaisons, marient pittoresquement les couleurs
des deux nations. Ne se contentant point d'une allégorisation, si artistique
fût-elle, de son titre de grande cité viticole, la municipalité de Bordeaux a voté une somme de cinq mille francs pour l'achat de vins des
premiers vignobles de la Gironde, destinés à l'amiral Avellan. De leur
côté, les propriétaires de Saint-Émilion se sont groupés en comité pour
faire un présent de trois cent vingt-deux bouteilles des meilleurs crus
et des récoltes les plus rares. Saint-Cyr de Provence, dont les figues
sèches sont renommées auprès des gastronomes, en a envoyé à tous les
vaisseaux de l'escadre vingt caisses de dix kilogrammes. D'Arcachon,
pendant quinze jours, il a été expédié, par centaines, des bourriches
d'huîtres qui ont ajouté à l'ordinaire des matelots un supplément
luxueux.

A défaut de produits locaux renommés ou d'œuvres d'art de
leurs enfants, d'autres municipalités ont eu l'idée ingénieuse d'offrir
la reproduction des monuments historiques qui sont la gloire de
leur ville. A Angers, un artiste habile a été chargé de faire, en format
spécial, des photographies de toutes les œuvres d'architecture les
plus remarquables : la cathédrale de Saint-Maurice, l'hôtel de Pincé,
le logis Barrault, le Château, les ruines de l'abbaye de Toussaint, la
Trinité, Saint-Paul, la maison Adam, l'abbaye de Saint-Aubin, le Ronceray, Saint-Serge, etc.; le tout relié en un volume aux armes de la
ville. La municipalité de Versailles a également commandé pour l'amiral

et pour tous les officiers de l'escadre un album spécial de vues du château
et des parcs, auquel a été joint un exemplaire de luxe de l'ouvrage *Une
promenade à Versailles et à Trianon* par Philippe Gille. Le Conseil
municipal d'Arles, lui, a fait photographier les plus jolies Arlèses et les
plus beaux gardiens de tau-
reaux de la Camargue.

Depuis longtemps, le
gouvernement russe avait
multiplié auprès de la municipalité de Reims les démarches diplomatiques les
plus pressantes, en vue
d'obtenir la cession, à n'im-
porte quel prix, de l'Évangéliaire slave que possède
sa Bibliothèque. Cet Évangéliaire, œuvre de saint
Procope, abbé du couvent
des bénédictins fondé en Bo-
hême, en l'an 999, par Bo-
leslas II, est le premier texte
connu des Évangiles écrits
en langue slave. La municipalité est toujours restée
inflexible dans ses refus ;
jamais elle ne se dessaisira
de ce monument religieux
et philologique. Mais, pour
donner un témoignage spé-

La *Fortune*, de M. Mercié.
Bronze offert par La Cadière (Var).

cial de la reconnaissance de la ville de Reims à la nation russe, dans les circonstances actuelles, elle a ordonné spontanément une reproduction spéciale de l'Évangéliaire, dont l'exemplaire unique sera présenté au Tsar.
Dieppe a offert une réduction en bronze argenté de la statue de l'amiral
Duquesne, qui orne une des places de la ville, lui donnant comme piédestal une pièce d'ivoire sculpté, spécimen de l'industrie artistique de ses
célèbres ivoiriers ; Orléans, un bronze de la statue de Jeanne d'Arc, par

la princesse Marie d'Orléans, que possède son hôtel de ville, touchante personnification de l'héroïsme national ; et Boulogne-sur-Mer, trois groupes en terre cuite représentant des pêcheurs et des pêcheuses du Boulonais.

Enfin, des conseils généraux et des municipalités ont offert des présents artistiques, sans caractère déterminé, mais auxquels l'éloquente expression de gratitude, sous forme de dédicaces, donne un grand prix :

Le département du Var : la *Sirène* de M. Puech, en marbre ;
Vichy : un groupe en bronze ;
Lorient : une coupe en argent ;
Brest et Rochefort réunies : une œuvre d'art ;
Nanterre : une épingle en diamants et pierres précieuses figurant les drapeaux français et russes enlacés ;

La Médaille en or de Fontainebleau.

Le Havre : le *Porte-falot à cheval* de M. Frémiet, réduction de la statue équestre placée au pied de l'escalier d'honneur de l'hôtel de ville de Paris ;
Albi : un drapeau tricolore en soie ;
Fontainebleau : une médaille en or grand module, aux armes de la ville ;
Liancourt : une charrue en bronze d'aluminium, décorée de fleurs et de fruits, avec cette inscription : « L'agriculture ne fleurit que dans la paix » ;
La Cadière (Var) : la *Fortune,* par M. Mercié ; bronze de Thiébaut frères.

Quelque femme, bien Française de cœur et d'esprit, passionnée d'art et de poésie, devait prendre l'initiative d'une création résumant, sous une forme délicate et originale, la pensée qui venait instinctivement à tous de faire participer les femmes des marins russes, officiers et simples matelots, aux témoignages d'enthousiasme et de reconnaissance du pays. Dès la nouvelle de l'envoi en France d'une escadre russe, Mme Juliette Adam, directrice de la *Nouvelle Revue,* formait un comité chargé d'ouvrir une souscription féminine destinée à réaliser cette pensée. L'appel fut entendu de partout, et la souscription produisit immédiatement une somme considérable. Mme Adam invitait aussitôt un certain nombre de bijoutiers parisiens à se réunir en commission technique pour aider le comité à exécuter rapidement son programme, et elle formait en même temps un jury d'artistes, présidé par M. Puvis de Chavannes, pour juger les projets présentés, et dont les thèmes étaient : un bracelet, une médaille, une broche-médaille et une croix grecque, cette dernière destinée aux aumôniers de l'escadre. Les projets de MM. Vever, Després,

Duval et Leturcq furent adoptés. Le bracelet de M. Després est formé d'une chaîne à mailles allongées ; un maillon en or mat guilloché alterne avec un maillon en or rouge poli ; il est fermé par un anneau à ressort supportant une médaille commémorative. Sur la face de la médaille de MM. Duval et Leturcq, une branche d'olivier se contourne en relief entre deux écussons, où sont gravées les inscriptions « Cronstadt-1891 » en caractères russes ; « Toulon-1893 » en lettres latines. Au revers, deux brins de myosotis, assemblés par un mince ruban, encadrent ces mots : « Souvenir des femmes fran-

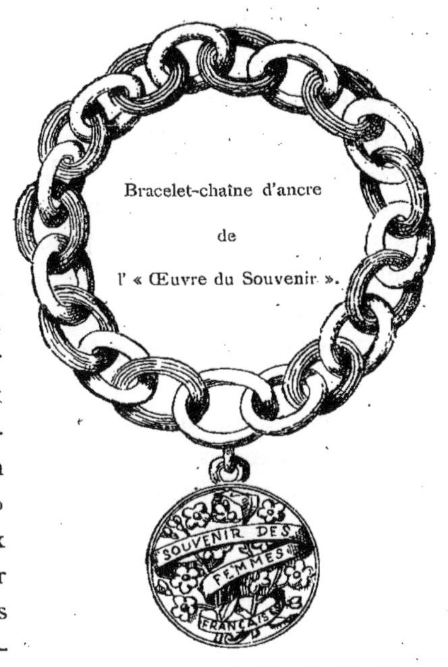

çaises ». La broche-médaille de M. Vever est en vieil argent, montée sur un cercle en or rappelant une roue de gouvernail ; au centre, un cartouche en relief porte l'inscription : « Cronstadt-1891, Toulon-1893 » ; au second plan, une ancre enguirlandée de myosotis. La croix pastorale, sur le modèle de la croix grecque, conçue et exécutée par M. Després, contient les mêmes motifs de décoration et les mêmes inscriptions que la médaille. Le Comité du « Souvenir » commandait 2,138 bracelets, autant de médailles, 130 broches-médailles et 6 croix pastorales. Il décidait, en outre, qu'il serait donné aux femmes des officiers une branche de myosotis en diamant, et aux filles de l'amiral deux broches et deux branches de myosotis où des turquoises sont

Croix pastorale
de l' « Œuvre du Souvenir ».

mêlées aux diamants. Le choix du myosotis comme fleur emblématique dans les bijoux franco-russes n'était point une simple fantaisie gracieuse; il répond aux exigences de la plus scrupuleuse érudition. Au Musée de l'Ermitage, dans les salles des fouilles du Bosphore cimmérien (la Crimée), où refleurissent les vestiges de la civilisation apportée, au milieu des peuplades scythes, par les colonies grecques de Milet, la ville aux cent filles, les bracelets, les pendants d'oreilles et de cou de la reine de Koul-Oba portent des fleurs de myosotis en filigranes et en semis. Le jour de l'arrivée de l'escadre russe à Toulon, Mme Adam offrait solennellement à l'amiral Avellan les présents de l' « Œuvre du Souvenir ».

Le *Figaro* aura une idée charmante et spirituelle. A l'occasion des fêtes franco-russes, le génie parisien, toujours si inventif, a créé mille fantaisies, ingénieuses, plaisantes, satiriques, humoristiques, sentimentales et gracieuses. Le journal les fait recueillir, et envoie un de ses rédacteurs au château de Fredensborg, en Danemark, où réside en villégiature la famille impériale de Russie, avec la mission de prier la princesse Waldemar, — une princesse française, — de vouloir bien faire agréer par le Tsar ces bijoux, ces jouets et ces gravures pour ses enfants.

Le lendemain de son arrivée à Paris, l'amiral recevait une délégation du Comité de l'Union des sociétés de gymnastique, qui lui a remis le beau bronze la *Jeunesse* de Chapu, éloquente personnification de cette fleur de la jeunesse de France, patriotique, ardente et vigoureuse; et cinq grandes médailles de l'Union, pour chacun des vaisseaux de l'escadre.

Ce même jour, une délégation de la Société de protection mutuelle des voyageurs de commerce lui présentait, au nom de toute la corporation, un bronze de M. Gaudez, le *Repousseur*, un habile artisan de la Renaissance française, occupé à marteler finement une pièce d'armure, allégorie ingénieuse du travail artistique national, dont les commis voyageurs sont les infatigables missionnaires.

A Toulon, pendant la fête de gymnastique, l'Union des sociétés de gymnastes de la Marne offrait au commandant de l'escadre un bouclier en écaille aux armes de France.

L'avant-veille du départ de l'escadre, trente ouvriers de l'arsenal de
Toulon, délégués par leurs sept mille camarades, montaient à bord de
l'*Empereur Nicolas I*ᵉʳ, et remettaient à l'amiral Avellan une série de photographies de la rade et des ateliers et une adresse d'une singulière éloquence où, entre autres choses touchantes, il est dit ceci :

Amiral, chacun de ces cadres et chacune de ces photographies, si on les regarde
isolément, pourrait sembler chose de peu de valeur. Mais si vous voulez bien
considérer que nous sommes les simples ouvriers de l'arsenal et que nos justes salaires
représentent le nécessaire de la vie, notre présent va prendre à vos yeux sa véritable
valeur. Il prendra aussi sa signification véritable; il vous dira, amiral, que pour faire
un plaisir à nos amis russes, pour leur donner une faible marque d'affection, aucun
sacrifice ne saurait nous paraître trop lourd.

L'amiral, vivement ému de cette démarche, serrait avec effusion les
mains aux membres de la délégation, les priant de bien dire à tous les
ouvriers de l'arsenal combien leur présent et leur adresse lui avaient
fait plaisir, et qu'il les en remerciait de tout son cœur.

Il faut mentionner encore, parmi les corporations diverses et les
simples citoyens qui ont adressé au commandant de l'escadre russe, à ses
officiers et à ses matelots, des témoignages d'amitié et de gratitude :

Le Comité de la Presse de Tarbes : la *Jeune fille à la fontaine,* marbre de M. Mallez,
sculpteur bigourdain ;

La Société de Vétérans des armées de terre et de mer (1870-1871) : la reproduction
en bronze d'un groupe du monument du général Chanzy, au Mans, par M. Choisy ;

La Société française des usines franco-russes à Saint-Pétersbourg, qui a construit
les vaisseaux l'*Empereur Nicolas I*ᵉʳ et le *Rynda :* une statue équestre de Pierre le
Grand, demi-grandeur nature, épreuve unique en bronze;

La Société des Forges et Chantiers de la Méditerranée, de la Seyne, à l'amiral et à
chaque commandant de vaisseau : un album de tous les navires construits par elle;

La Colonie française de Monaco : un plateau d'argent et six timbales, décorés
des armes de France et de Russie et du chiffre de l'amiral;

La Colonie française de Tunisie : un samovar en argent ciselé;

L'Union des patentés de Corbeil : sept montres en argent pour les matelots les
plus méritants de l'escadre ;

La Société des grands magasins du Louvre : un légumier en vermeil de style
Louis XV, à l'amiral; et aux officiers de l'escadre, des services de fumeurs, étuis à
cigares en argent, porte-cigarettes en or et ambre, garnitures de bureaux, etc;

Le Comité des anciens exposants français de l'Exposition internationale de
Moscou : un exemplaire en or de la médaille commémorative de la section française
de l'Exposition de Moscou, par M. Roty;

M. Nadar : une héliogravure reproduisant un portrait de l'Empereur de Russie, qui est au palais de Gatchina, à tous les officiers de l'escadre, ainsi qu'une photographie de chacun d'eux, tirées à plusieurs exemplaires;

M. Pierre Petit : une lithographie d'une composition allégorique des événements de Cronstadt et de Toulon à tous les marins de l'escadre et à toutes les écoles primaires de l'Empire russe.

Mais les présents qui ont été le plus au cœur de l'amiral Avellan, et qui produiront dans toute la Russie une sensation profonde, sont les offrandes pour les familles des naufragés de la *Roussalka*. Il en a été envoyé de tous les points de la France, des grandes villes et des petits villages, des municipalités, des associations corporatives, des sociétés de secours mutuels, des comités spéciaux, et des particuliers, riches et pauvres; et l'organisation des souscriptions collectives, la présentation des oboles individuelles ont donné lieu aux manifestations les plus expressives de sentiments délicats et affectueux. La municipalité d'Ajaccio fait remettre à l'amiral, par un délégué spécial, avec une adresse signée par tous les membres du Conseil, un billet de mille francs enfermé dans un portefeuille en cuir de Russie, orné des armes de la Ville. En déposant entre les mains du chef de l'escadre une bourse de soie qui contenait mille francs en or, le représentant de la ville du Puy a prononcé un speech en russe, dans lequel il exprimait la douleur causée à ses compatriotes par la nouvelle de la catastrophe, qui a jeté le deuil dans la marine du Tsar. Les représentations de gala à Lyon et à Marseille sont transformées en fêtes de charité, qui produisent des sommes considérables ; ici, trois mille francs, là, dix mille. A Marseille, les élèves de l'école primaire supérieure de jeunes filles font dans toutes les écoles de la ville une quête et recueillent quatorze cents francs, qu'elles envoient à l'amiral, dans une bourse brodée en or. C'est la Société des anciens marins, « La Flotte », qui ouvre parmi tous ses membres une souscription pour les veuves et les enfants de leurs camarades russes. A Toulon, à Hyères, dans les réunions amicales offertes par les soldats du 111ᵉ de ligne et par les mathurins français à leurs « matelots », ces humbles et ces pauvres ont tous la même pensée, au milieu de leurs gaietés : prélever la part des orphelins de la *Roussalka*.

Et combien j'en pourrais citer encore d'autres exemples non moins touchants d'une générosité aussi noble et aussi tendre !

Le récit des Fêtes franco-russes est terminé. Je me suis efforcé d'y
mettre toute l'émotion patriotique ressentie au spectacle merveilleux,
incomparable, donné par la France tout entière, pendant la visite des
marins de la Russie. Avec quel éclat le génie artistique du pays a affirmé
ses qualités natives de fécondité, d'élégance, d'originalité, de grâce et
d'esprit! A Toulon, à Marseille, à Lyon, à Paris, des décorations ont été
improvisées, qui transformaient la rue en féerie; des hangars et des halls,
en palais enchantés; et donnaient, dans les ministères, dans les hôtels
de ville, aux salles de banquets, aux salons de réceptions, aux galeries
de bals, une physionomie pittoresque et brillante, d'une variété imprévue.
L'initiative privée réalisait partout les idées les plus ingénieuses, les
plus suggestives, d'une constante fraîcheur d'inspiration, en rupture
décisive avec les traditions administratives de poncivité et de monotonie.

Cette série de fêtes publiques a été une résurrection des fêtes de la
Renaissance. Aussi, pour en analyser avec précision, aux points de vue
esthétique et social, les causes et les conditions, suffit-il de transcrire
textuellement celles que Taine découvrait à ces dernières, tant l'analogie
en est étroite et frappante : « La vivacité d'un sentiment spontané, propre
et personnel, que l'on exprime comme on l'éprouve, sans craindre aucun
contrôle ni subir aucune direction; la présence d'âmes sympathiques,
l'aide extérieure et immense des idées voisines, par lesquelles les idées
vagues qu'on porte en soi-même sont couvées, nourries, achevées, mul-
tipliées, enhardies. »

Ce n'est point dans les thèmes classiques, aux indifférentes banalités,
que les artistes s'en vont chercher les éléments de ces fêtes : ils les demandent à la vie, à son idéal le plus élevé, le travail national, dont l'allégorisation naturaliste la plus audacieuse aboutira aux inventions les plus
décoratives et les plus expressives : ici, des armes et des engins de guerre;
là, des cabestans et des mâts de vaisseaux; ailleurs, des outils, des ceps
de vigne, des gerbes de blé, des bottes de foin; partout de la verdure et
des fleurs.

Et si le passé est évoqué par leur imagination, c'est notre passé à
nous, celui qui rappelle la gloire et la fierté des aïeux : les vieilles
armoiries de nos provinces, les anciennes devises de nos cités, les éten-

dards de nos régiments d'autrefois, les armures du moyen âge et les tapisseries des manufactures de nos rois.

Et quand un département ou une ville aura la délicate pensée d'offrir à nos hôtes un testimonial de gratitude et d'amitié, que rêvera-t-on immédiatement? Une œuvre d'art qui soit une personnification de nos idées, une allégorie de nos sentiments, une création de notre génie, un symbole de notre race. Pour en accentuer le caractère, pour prouver que c'en est bien là l'expression intime, profonde, inaltérée, on n'hésitera pas à remonter très haut pour trouver des souvenirs séculaires; et même ira-t-on jusqu'à faire attester à des fossiles, en des bijoux dont l'origine se perd dans la nuit des temps, ce désir énergique d'une filiation immémoriale et d'un atavisme illimité d'ardente sympathie. A défaut de ces œuvres d'art, on leur présentera avec orgueil les produits célèbres de notre vieux sol, les reproductions de nos monuments historiques et les images des plus beaux types féminins consacrés par une universelle et légendaire admiration.

Voilà pourquoi les Fêtes franco-russes ont été si belles et si grandioses; pourquoi elles ont fait battre si vivement nos cœurs.

Devant cette manifestation de l'âme de la France, celle de la Russie a vibré à l'unisson de nos espérances, de nos enthousiasmes et de nos joies. Au cours des fêtes, après le départ de l'escadre, aujourd'hui encore, les adresses affluent de toutes les provinces de l'immense Empire du Tsar, adresses de l'armée, de la marine, de l'administration, des municipalités, des associations, des cercles, des écoles, de groupes et de simples particuliers, dans lesquelles l'expression la plus chaleureuse des félicitations et des remerciements pour l'accueil cordial fait aux marins russes et des sentiments d'amitié et d'estime se joint toujours à celle de la confiance des populations dans l'assurance de la paix générale par ces sincères démonstrations de l'union de la France et de la Russie.

Et, consécration suprême, le lendemain du jour où l'escadre quittait les eaux françaises, le gouvernement faisait afficher dans toutes les communes de la République cette dépêche du premier ministre d'Alexandre III à son ambassadeur en France, qui traduit, en termes éloquents, l'impression même de l'Empereur de Russie : ·

Pétersbourg, 28 octobre 1893, 3 h. 5o soir.

L'Empereur vous charge d'être l'interprète de sa sincère gratitude auprès des organes du gouvernement, ainsi que des représentants de toutes les classes de la société, qui ont participé à la brillante et cordiale réception de l'escadre russe en France.

Sa Majesté est très touchée des sentiments de sympathie et d'amitié si admirablement témoignés en cette circonstance.

L'Empereur télégraphie directement à M. le Président de la République.

GIERS.

Pendant la « Grande semaine russe » de Paris, pendant celle de Toulon, un cri du cœur, unanime, joyeux et tendre, ne s'est, pour ainsi dire, pas éteint ; il doit clore ce livre : c'est le cri de :

Vive la France !
Vive la Russie !

Médaille de l'Association générale des étudiants de Paris.

D'après photog. Bardin.

A Paris. — La place de l'Hôtel-de-Ville, pendant les Fêtes franco-russes.

TABLE

DES GRANDES PLANCHES

Au Trocadéro. — Illuminations.

Au Carrousel. — Les chevaux sauteurs de l'École de guerre.

TABLE DES MATIÈRES

Pages.

Jouet franco-russe.

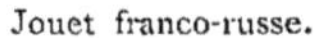

Paris. — Lib.-Imp. réunies, 7, rue Saint-Benoît.

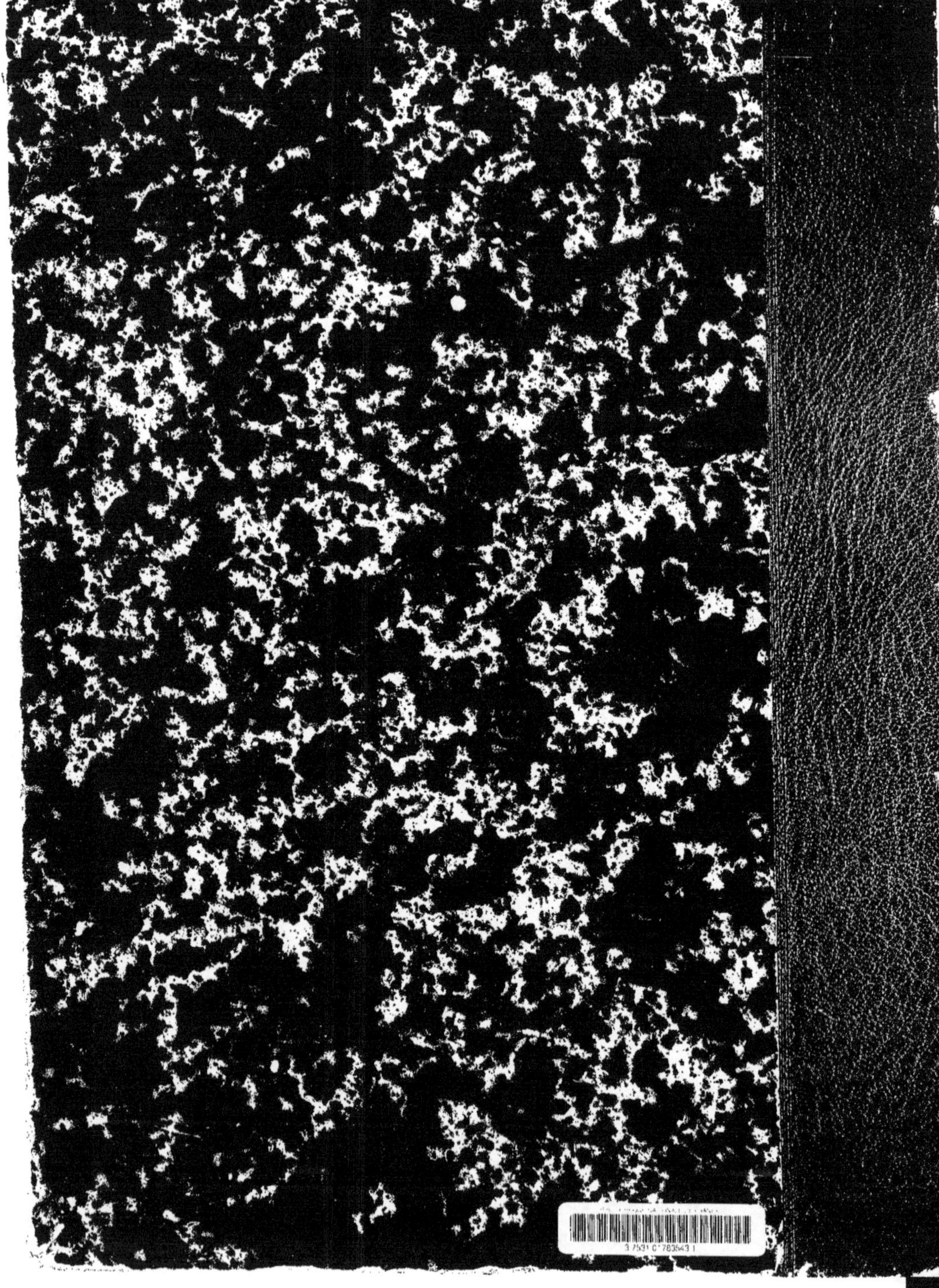

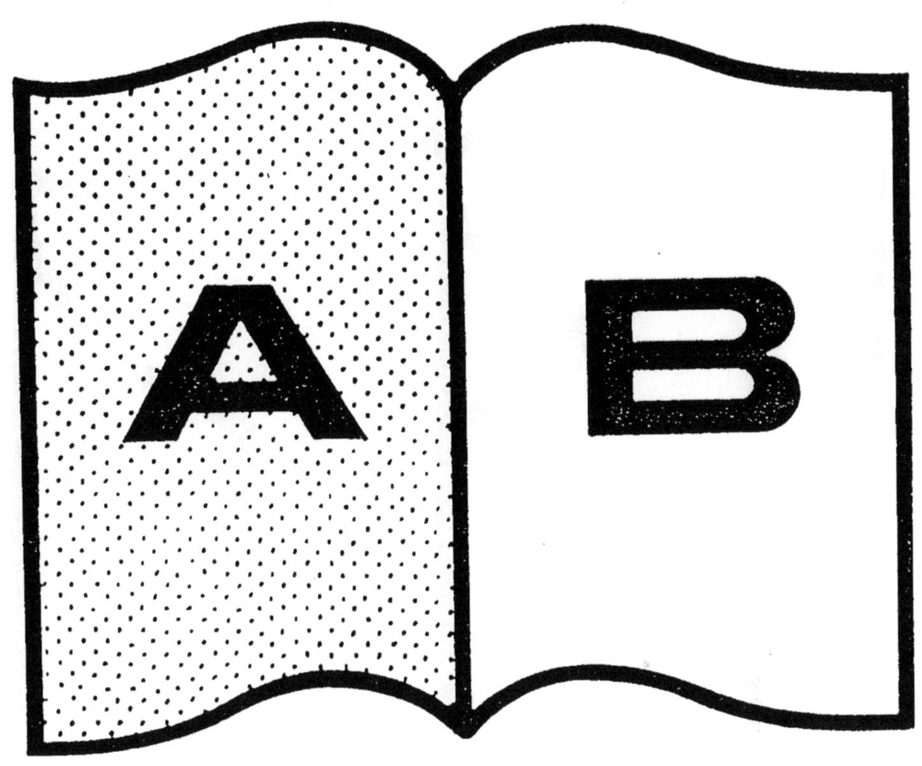

Contraste insuffisant

NF Z 43-120-14

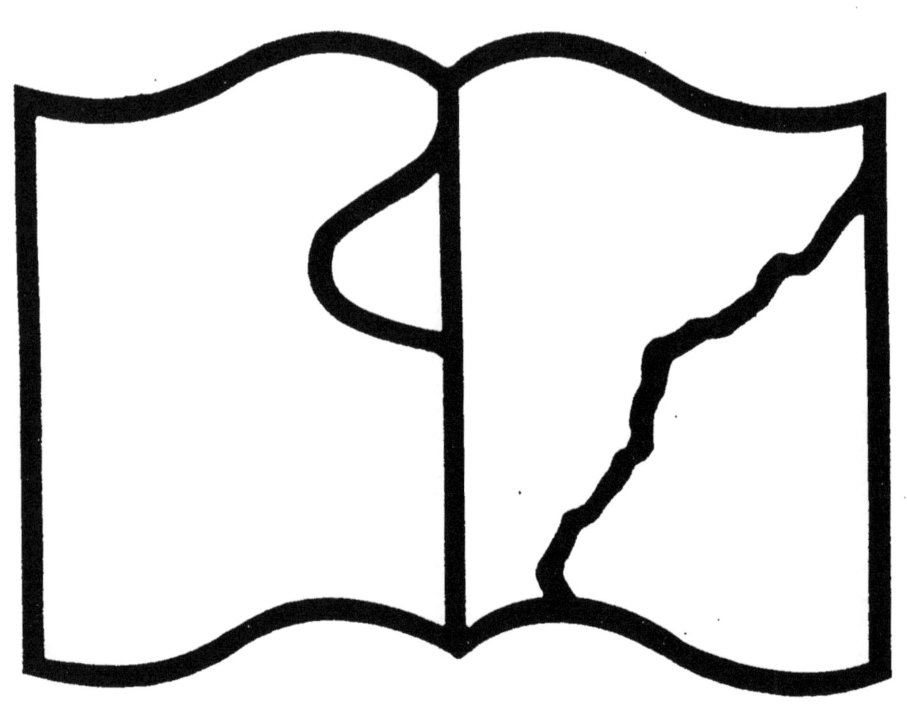

Texte détérioré — reliure défectueuse

NF Z 43-120-11

www.ingramcontent.com/pod-product-compliance
Ingram Content Group UK Ltd.
Pitfield, Milton Keynes, MK11 3LW, UK
UKHW022208120726
13694UKWH00002B/454